T&P BOOKS

GEORGIANO

VOCABULÁRIO

PALAVRAS MAIS ÚTEIS

PORTUGUÊS GEORGIANO

Para alargar o seu léxico e apurar as suas competências linguísticas

5000 palavras

Vocabulário Português-Georgiano - 5000 palavras
Por Andrey Taranov

Os vocabulários da T&P Books destinam-se a ajudar a aprender, a memorizar, e a rever palavras estrangeiras. O dicionário é dividido em temas, cobrindo todas as principais esferas de atividades quotidianas, negócios, ciência, cultura, etc.

O processo de aprendizagem, utilizando os dicionários baseados em temáticas da T&P Books dá-lhe as seguintes vantagens:

- Informação de origem corretamente agrupada predetermina o sucesso em fases subsequentes da memorização de palavras
- Disponibilização de palavras derivadas da mesma raiz, o que permite a memorização de unidades de texto (em vez de palavras separadas)
- Pequenas unidades de palavras facilitam o processo de estabelecimento de vínculos associativos necessários para a consolidação do vocabulário
- O nível de conhecimento da língua pode ser estimado pelo número de palavras aprendidas

Copyright © 2019 T&P Books Publishing

Todos os direitos reservados. Nenhuma parte desta publicação pode ser reproduzida, total ou parcialmente, por quaisquer métodos ou processos, sejam eles eletrónicos, mecânicos, de fotocópia ou outros, sem a autorização escrita do editor. Esta publicação não pode ser divulgada, copiada ou distribuída em nenhum formato.

T&P Books Publishing
www.tpbooks.com

ISBN: 978-1-78400-917-5

Este livro também está disponível em formato E-book.
Por favor visite www.tpbooks.com ou as principais livrarias on-line.

VOCABULÁRIO GEORGIANO
palavras mais úteis

Os vocabulários da T&P Books destinam-se a ajudar a aprender, a memorizar, e a rever palavras estrangeiras. O vocabulário contém mais de 5000 palavras de uso comum organizadas tematicamente.

O vocabulário contém as palavras mais comummente usadas
Recomendado como adicional para qualquer curso de línguas
Satisfaz as necessidades dos iniciados e dos alunos avançados de línguas estrangeiras
Conveniente para o uso diário, sessões de revisão e atividades de auto-teste
Permite avaliar o seu vocabulário

Características especias do vocabulário

- As palavras estão organizadas de acordo com o seu significado, e não por ordem alfabética
- As palavras são apresentadas em três colunas para facilitar os processos de revisão e auto-teste
- As palavras compostas são divididas em pequenos blocos para facilitar o processo de aprendizagem
- O vocabulário oferece uma transcrição simples e adequada de cada palavra estrangeira

O vocabulário contém 155 tópicos incluindo:

Conceitos básicos, Números, Cores, Meses, Estações do ano, Unidades de medida, Roupas & Acessórios, Alimentos & Nutrição, Restaurante, Membros da Família, Parentes, Caráter, Sentimentos, Emoções, Doenças, Cidade, Passeios, Compras, Dinheiro, Casa, Lar, Escritório, Trabalho no Escritório, Importação & Exportação, Marketing, Pesquisa de Emprego, Desportos, Educação, Computador, Internet, Ferramentas, Natureza, Países, Nacionalidades e muito mais ...

TABELA DE CONTEÚDOS

Guia de pronunciação	9
Abreviaturas	10

CONCEITOS BÁSICOS — 11
Conceitos básicos. Parte 1 — 11

1. Pronomes — 11
2. Cumprimentos. Saudações. Despedidas — 11
3. Como se dirigir a alguém — 12
4. Números cardinais. Parte 1 — 12
5. Números cardinais. Parte 2 — 13
6. Números ordinais — 14
7. Números. Frações — 14
8. Números. Operações básicas — 14
9. Números. Diversos — 14
10. Os verbos mais importantes. Parte 1 — 15
11. Os verbos mais importantes. Parte 2 — 16
12. Os verbos mais importantes. Parte 3 — 17
13. Os verbos mais importantes. Parte 4 — 18
14. Cores — 18
15. Questões — 19
16. Preposições — 20
17. Palavras funcionais. Advérbios. Parte 1 — 20
18. Palavras funcionais. Advérbios. Parte 2 — 22

Conceitos básicos. Parte 2 — 23

19. Dias da semana — 23
20. Horas. Dia e noite — 23
21. Meses. Estações — 24
22. Unidades de medida — 26
23. Recipientes — 27

O SER HUMANO — 28
O ser humano. O corpo — 28

24. Cabeça — 28
25. Corpo humano — 29

Vestuário & Acessórios — 30

26. Roupa exterior. Casacos — 30
27. Vestuário de homem & mulher — 30

28. Vestuário. Roupa interior	31
29. Adereços de cabeça	31
30. Calçado	31
31. Acessórios pessoais	32
32. Vestuário. Diversos	32
33. Cuidados pessoais. Cosméticos	33
34. Relógios de pulso. Relógios	34

Alimentação. Nutrição	35
35. Comida	35
36. Bebidas	36
37. Vegetais	37
38. Frutos. Nozes	38
39. Pão. Bolaria	39
40. Pratos cozinhados	39
41. Especiarias	40
42. Refeições	41
43. Por a mesa	42
44. Restaurante	42

Família, parentes e amigos	43
45. Informação pessoal. Formulários	43
46. Membros da família. Parentes	43

Medicina	45
47. Doenças	45
48. Sintomas. Tratamentos. Parte 1	46
49. Sintomas. Tratamentos. Parte 2	47
50. Sintomas. Tratamentos. Parte 3	48
51. Médicos	49
52. Medicina. Drogas. Acessórios	49

HABITAT HUMANO	50
Cidade	50
53. Cidade. Vida na cidade	50
54. Instituições urbanas	51
55. Sinais	52
56. Transportes urbanos	53
57. Turismo	54
58. Compras	55
59. Dinheiro	56
60. Correios. Serviço postal	57

Moradia. Casa. Lar	58
61. Casa. Eletricidade	58

62.	Moradia. Mansão	58
63.	Apartamento	58
64.	Mobiliário. Interior	59
65.	Quarto de dormir	60
66.	Cozinha	60
67.	Casa de banho	61
68.	Eletrodomésticos	62

ATIVIDADES HUMANAS		**63**
Emprego. Negócios. Parte 1		**63**
69.	Escritório. O trabalho no escritório	63
70.	Processos negociais. Parte 1	64
71.	Processos negociais. Parte 2	65
72.	Produção. Trabalhos	66
73.	Contrato. Acordo	67
74.	Importação & Exportação	68
75.	Finanças	68
76.	Marketing	69
77.	Publicidade	69
78.	Banca	70
79.	Telefone. Conversação telefónica	71
80.	Telefone móvel	71
81.	Estacionário	72
82.	Tipos de negócios	72

Emprego. Negócios. Parte 2		**75**
83.	Espetáculo. Feira	75
84.	Ciência. Investigação. Cientistas	76

Profissões e ocupações		**78**
85.	Procura de emprego. Demissão	78
86.	Gente de negócios	78
87.	Profissões de serviços	79
88.	Profissões militares e postos	80
89.	Oficiais. Padres	81
90.	Profissões agrícolas	81
91.	Profissões artísticas	82
92.	Várias profissões	82
93.	Ocupações. Estatuto social	84

Educação		**85**
94.	Escola	85
95.	Colégio. Universidade	86
96.	Ciências. Disciplinas	87
97.	Sistema de escrita. Ortografia	87
98.	Línguas estrangeiras	88

Descanso. Entretenimento. Viagens 90

99. Viagens 90
100. Hotel 90

EQUIPAMENTO TÉCNICO. TRANSPORTES 92
Equipamento técnico. Transportes 92

101. Computador 92
102. Internet. E-mail 93
103. Eletricidade 94
104. Ferramentas 94

Transportes 97

105. Avião 97
106. Comboio 98
107. Barco 99
108. Aeroporto 100

Eventos 102

109. Férias. Evento 102
110. Funerais. Enterro 103
111. Guerra. Soldados 103
112. Guerra. Ações militares. Parte 1 104
113. Guerra. Ações militares. Parte 2 106
114. Armas 107
115. Povos da antiguidade 109
116. Idade média 109
117. Líder. Chefe. Autoridades 111
118. Viloação da lei. Criminosos. Parte 1 112
119. Viloação da lei. Criminosos. Parte 2 113
120. Polícia. Lei. Parte 1 114
121. Polícia. Lei. Parte 2 115

NATUREZA 117
A Terra. Parte 1 117

122. Espaço sideral 117
123. A Terra 118
124. Pontos cardeais 119
125. Mar. Oceano 119
126. Nomes de Mares e Oceanos 120
127. Montanhas 121
128. Nomes de montanhas 122
129. Rios 122
130. Nomes de rios 123
131. Floresta 123
132. Recursos naturais 124

A Terra. Parte 2 — 126

133. Tempo — 126
134. Tempo extremo. Catástrofes naturais — 127

Fauna — 128

135. Mamíferos. Predadores — 128
136. Animais selvagens — 128
137. Animais domésticos — 129
138. Pássaros — 130
139. Peixes. Animais marinhos — 132
140. Amfíbios. Répteis — 132
141. Insetos — 133

Flora — 134

142. Árvores — 134
143. Arbustos — 134
144. Frutos. Bagas — 135
145. Flores. Plantas — 135
146. Cereais, grãos — 137

PAÍSES. NACIONALIDADES — 138

147. Europa Ocidental — 138
148. Europa Central e de Leste — 138
149. Países da ex-URSS — 139
150. Asia — 139
151. América do Norte — 140
152. América Central do Sul — 140
153. Africa — 141
154. Austrália. Oceania — 141
155. Cidades — 141

GUIA DE PRONUNCIAÇÃO

Letra	Exemplo Georgiano	Alfabeto fonético T&P	Exemplo Português
ა	აკადემია	[ɑ]	chamar
ბ	ბიოლოგია	[b]	barril
გ	გრამატიკა	[g]	gosto
დ	შუალედი	[d]	dentista
ე	ბედნიერი	[ɛ]	mesquita
ვ	ვერცხლი	[v]	fava
ზ	ზარი	[z]	sésamo
თ	თანაკლასელი	[th]	[t] aspirada
ი	ივლისი	[i]	sinónimo
კ	კამა	[k]	kiwi
ლ	ლანგარი	[l]	libra
მ	მარჯვენა	[m]	magnólia
ნ	ნაყინი	[n]	natureza
ო	ოსტატობა	[ɔ]	emboço
პ	პასპორტი	[p]	presente
ჟ	ჟიური	[ʒ]	talvez
რ	რეჟისორი	[r]	riscar
ს	სასმელი	[s]	sanita
ტ	ტურისტი	[t]	tulipa
უ	ურდული	[u]	bonita
ფ	ფაიფური	[ph]	[p] aspirada
ქ	ქალაქი	[kh]	[k] aspirada
ღ	ღილაკი	[ɣ]	agora
ყ	ყინული	[q]	teckel
შ	შედეგი	[ʃ]	mês
ჩ	ჩამჩა	[ʧh]	[tsch] aspirado
ც	ცურვა	[tsh]	[ts] aspirado
ძ	ძიძა	[ʣ]	pizza
წ	წამწამი	[ʦ]	tsé-tsé
ჭ	ჭანჭიკი	[ʧ]	Tchau!
ხ	ხარისხი	[ɦ]	[h] suave
ჯ	ჯიბე	[ʤ]	adjetivo
ჰ	ჰოკიჯოხა	[h]	[h] aspirada

ABREVIATURAS
usadas no vocabulário

Abreviaturas do Português

adj	-	adjetivo
adv	-	advérbio
anim.	-	animado
conj.	-	conjunção
desp.	-	desporto
etc.	-	etecetra
ex.	-	por exemplo
f	-	nome feminino
f pl	-	feminino plural
fem.	-	feminino
inanim.	-	inanimado
m	-	nome masculino
m pl	-	masculino plural
m, f	-	masculino, feminino
masc.	-	masculino
mat.	-	matemática
mil.	-	militar
pl	-	plural
prep.	-	preposição
pron.	-	pronome
sb.	-	sobre
sing.	-	singular
v aux	-	verbo auxiliar
vi	-	verbo intransitivo
vi, vt	-	verbo intransitivo, transitivo
vr	-	verbo reflexivo
vt	-	verbo transitivo

CONCEITOS BÁSICOS

Conceitos básicos. Parte 1

1. Pronomes

eu	მე	me
tu	შენ	shen
ele, ela	ის	is
nós	ჩვენ	chven
vocês	თქვენ	tkven
eles, elas	ისინი	isini

2. Cumprimentos. Saudações. Despedidas

Olá!	გამარჯობა!	gamarjoba!
Bom dia! (formal)	გამარჯობათ!	gamarjobat!
Bom dia! (de manhã)	დილა მშვიდობისა!	dila mshvidobisa!
Boa tarde!	დღე მშვიდობისა!	dghe mshvidobisa!
Boa noite!	საღამო მშვიდობისა!	saghamo mshvidobisa!
cumprimentar (vt)	მისალმება	misalmeba
Olá!	სალამი!	salami!
saudação (f)	სალამი	salami
saudar (vt)	მისალმება	misalmeba
Como vai?	როგორ ხარ?	rogor khar?
O que há de novo?	რა არის ახალი?	ra aris akhali?
Até à vista!	ნახვამდის!	nakhvamdis!
Até breve!	მომავალ შეხვედრამდე!	momaval shekhvedramde!
Adeus!	მშვიდობით!	mshvidobit!
despedir-se (vr)	გამომშვიდობება	gamomshvidobeba
Até logo!	კარგად!	k'argad!
Obrigado! -a!	გმადლობთ!	gmadlobt!
Muito obrigado! -a!	დიდი მადლობა!	didi madloba!
De nada	არაფრის	arapris
Não tem de quê	მადლობად არ ღირს	madlobad ar ghirs
De nada	არაფრის	arapris
Desculpa! -pe!	ბოდიში!	bodishi!
desculpar (vt)	პატიება	p'at'ieba
desculpar-se (vr)	ბოდიშის მოხდა	bodishis mokhda
As minhas desculpas	ბოდიში	bodishi
Desculpe!	მაპატიეთ!	map'at'iet!

perdoar (vt)	პატიება	p'at'ieba
Não faz mal	არა უშავს.	ara ushavs.
por favor	გეთაყვა	getaqva
Não se esqueça!	არ დაგავიწყდეთ!	ar dagavits'qdet!
Certamente! Claro!	რა თქმა უნდა!	ra tkma unda!
Claro que não!	რა თქმა უნდა, არა!	ra tkma unda, ara!
Está bem! De acordo!	თანახმა ვარ!	tanakhma var!
Basta!	საკმარისია!	sak'marisia!

3. Como se dirigir a alguém

senhor	ბატონო	bat'ono
senhora	ქალბატონო	kalbat'ono
rapariga	ქალიშვილო	kalishvilo
rapaz	ახალგაზრდავ	akhalgazrdav
menino	ბიჭი	bich'i
menina	გოგო	gogo

4. Números cardinais. Parte 1

zero	ნული	nuli
um	ერთი	erti
dois	ორი	ori
três	სამი	sami
quatro	ოთხი	otkhi
cinco	ხუთი	khuti
seis	ექვსი	ekvsi
sete	შვიდი	shvidi
oito	რვა	rva
nove	ცხრა	tskhra
dez	ათი	ati
onze	თერთმეტი	tertmet'i
doze	თორმეტი	tormet'i
treze	ცამეტი	tsamet'i
catorze	თოთხმეტი	totkhmet'i
quinze	თხუთმეტი	tkhutmet'i
dezasseis	თექვსმეტი	tekvsmet'i
dezassete	ჩვიდმეტი	chvidmet'i
dezoito	თვრამეტი	tvramet'i
dezanove	ცხრამეტი	tskhramet'i
vinte	ოცი	otsi
vinte e um	ოცდაერთი	otsdaerti
vinte e dois	ოცდაორი	otsdaori
vinte e três	ოცდასამი	otsdasami
trinta	ოცდაათი	otsdaati
trinta e um	ოცდათერთმეტი	otsdatertmet'i

trinta e dois	ოცდათორმეტი	otsdatormet'i
trinta e três	ოცდაცამეტი	otsdatsamet'i
quarenta	ორმოცი	ormotsi
quarenta e um	ორმოცდაერთი	ormotsdaerti
quarenta e dois	ორმოცდაორი	ormotsdaori
quarenta e três	ორმოცდასამი	ormotsdasami
cinquenta	ორმოცდაათი	ormotsdaati
cinquenta e um	ორმოცდათერთმეტი	ormotsdatertmet'i
cinquenta e dois	ორმოცდათორმეტი	ormotsdatormet'i
cinquenta e três	ორმოცდაცამეტი	ormotsdatsamet'i
sessenta	სამოცი	samotsi
sessenta e um	სამოცდაერთი	samotsdaerti
sessenta e dois	სამოცდაორი	samotsdaori
sessenta e três	სამოცდასამი	samotsdasami
setenta	სამოცდაათი	samotsdaati
setenta e um	სამოცდათერთმეტი	samotsdatertmet'i
setenta e dois	სამოცდათორმეტი	samotsdatormet'i
setenta e três	სამოცდაცამეტი	samotsdatsamet'i
oitenta	ოთხმოცი	otkhmotsi
oitenta e um	ოთხმოცდაერთი	otkhmotsdaerti
oitenta e dois	ოთხმოცდაორი	otkhmotsdaori
oitenta e três	ოთხმოცდასამი	otkhmotsdasami
noventa	ოთხმოცდაათი	otkhmotsdaati
noventa e um	ოთხმოცდათერთმეტი	otkhmotsdatertmet'i
noventa e dois	ოთხმოცდათორმეტი	otkhmotsdatormet'i
noventa e três	ოთხმოცდაცამეტი	otkhmotsdatsamet'i

5. Números cardinais. Parte 2

cem	ასი	asi
duzentos	ორასი	orasi
trezentos	სამასი	samasi
quatrocentos	ოთხასი	otkhasi
quinhentos	ხუთასი	khutasi
seiscentos	ექვსასი	ekvsasi
setecentos	შვიდასი	shvidasi
oitocentos	რვაასი	rvaasi
novecentos	ცხრაასი	tskhraasi
mil	ათასი	atasi
dois mil	ორი ათასი	ori atasi
De quem são ...?	სამი ათასი	sami atasi
dez mil	ათი ათასი	ati atasi
cem mil	ასი ათასი	asi atasi
um milhão	მილიონი	milioni
mil milhões	მილიარდი	miliardi

6. Números ordinais

primeiro	პირველი	p'irveli
segundo	მეორე	meore
terceiro	მესამე	mesame
quarto	მეოთხე	meotkhe
quinto	მეხუთე	mekhute
sexto	მეექვსე	meekvse
sétimo	მეშვიდე	meshvide
oitavo	მერვე	merve
nono	მეცხრე	metskhre
décimo	მეათე	meate

7. Números. Frações

fração (f)	წილადი	ts'iladi
um meio	ერთი მეორედი	erti meoredi
um terço	ერთი მესამედი	erti mesamedi
um quarto	ერთი მეოთხედი	erti meotkhedi
um oitavo	ერთი მერვედი	erti mervedi
um décimo	ერთი მეათედი	erti meatedi
dois terços	ორი მესამედი	ori mesamedi
três quartos	სამი მეოთხედი	sami meotkhedi

8. Números. Operações básicas

subtração (f)	გამოკლება	gamok'leba
subtrair (vi, vt)	გამოკლება	gamok'leba
divisão (f)	გაყოფა	gaqopa
dividir (vt)	გაყოფა	gaqopa
adição (f)	შეკრება	shek'reba
somar (vt)	შეკრება	shek'reba
adicionar (vt)	მიმატება	mimat'eba
multiplicação (f)	გამრავლება	gamravleba
multiplicar (vt)	გამრავლება	gamravleba

9. Números. Diversos

algarismo, dígito (m)	ციფრი	tsipri
número (m)	რიცხვი	ritskhvi
numeral (m)	რიცხვითი სახელი	ritskhviti sakheli
menos (m)	მინუსი	minusi
mais (m)	პლიუსი	p'liusi
fórmula (f)	ფორმულა	pormula
cálculo (m)	გამოანგარიშება	gamoangarisheba
contar (vt)	დათვლა	datvla

calcular (vt)	დათვლა	datvla
comparar (vt)	შედარება	shedareba
Quanto, -os, -as?	რამდენი?	ramdeni?
soma (f)	ჯამი	jami
resultado (m)	შედეგი	shedegi
resto (m)	ნაშთი	nashti
alguns, algumas ...	რამდენიმე	ramdenime
um pouco de ...	ცოტაოდენი ...	tsot'aodeni ...
resto (m)	დანარჩენი	danarcheni
um e meio	ერთ-ნახევარი	ert-nakhevari
dúzia (f)	დუჟინი	duzhini
ao meio	შუაზე	shuaze
em partes iguais	თანაბრად	tanabrad
metade (f)	ნახევარი	nakhevari
vez (f)	ჯერ	jer

10. Os verbos mais importantes. Parte 1

abrir (vt)	გაღება	gagheba
acabar, terminar (vt)	დამთავრება	damtavreba
aconselhar (vt)	რჩევა	rcheva
adivinhar (vt)	გამოცნობა	gamotsnoba
advertir (vt)	გაფრთხილება	gaprtkhileba
ajudar (vt)	დახმარება	dakhmareba
almoçar (vi)	სადილობა	sadiloba
alugar (~ um apartamento)	დაქირავება	dakiraveba
amar (vt)	სიყვარული	siqvaruli
ameaçar (vt)	დამუქრება	damukreba
anotar (escrever)	ჩაწერა	chats'era
apanhar (vt)	ჭერა	ch'era
apressar-se (vr)	აჩქარება	achkareba
arrepender-se (vr)	სინანული	sinanuli
assinar (vt)	ხელის მოწერა	khelis mots'era
atirar, disparar (vi)	სროლა	srola
brincar (vi)	ხუმრობა	khumroba
brincar, jogar (crianças)	თამაში	tamashi
buscar (vt)	ძებნა	dzebna
caçar (vi)	ნადირობა	nadiroba
cair (vi)	ვარდნა	vardna
cavar (vt)	თხრა	tkhra
cessar (vt)	შეწყვეტა	shets'qvet'a
chamar (~ por socorro)	დაძახება	dadzakheba
chegar (vi)	ჩამოსვლა	chamosvla
chorar (vi)	ტირილი	t'irili
comparar (vt)	შედარება	shedareba
compreender (vt)	გაგება	gageba

concordar (vi)	დათანხმება	datankhmeba
confiar (vt)	ნდობა	ndoba
confundir (equivocar-se)	არევა	areva
conhecer (vt)	ცნობა	tsnoba
contar (fazer contas)	დათვლა	datvla
contar com (esperar)	იმედის ქონა	imedis kona
continuar (vt)	გაგრძელება	gagrdzeleba
controlar (vt)	კონტროლის გაწევა	k'ont'rolis gats'eva
convidar (vt)	მოწვევა	mots'veva
correr (vi)	გაქცევა	gaktseva
criar (vt)	შექმნა	shekmna
custar (vt)	ღირება	ghireba

11. Os verbos mais importantes. Parte 2

dar (vt)	მიცემა	mitsema
dar uma dica	კარნახი	k'arnakhi
decorar (enfeitar)	მორთვა	mortva
defender (vt)	დაცვა	datsva
deixar cair (vt)	ხელიდან გავარდნა	khelidan gavardna
descer (para baixo)	ჩასვლა	chasvla
desculpar-se (vr)	ბოდიშის მოხდა	bodishis mokhda
dirigir (~ uma empresa)	ხელმძღვანელობა	khelmdzghvaneloba
discutir (notícias, etc.)	განხილვა	gankhilva
dizer (vt)	თქმა	tkma
duvidar (vt)	დაეჭვება	daech'veba
encontrar (achar)	პოვნა	p'ovna
enganar (vt)	მოტყუება	mot'queba
entrar (na sala, etc.)	შემოსვლა	shemosvla
enviar (uma carta)	გაგზავნა	gagzavna
errar (equivocar-se)	შეცდომა	shetsdoma
escolher (vt)	არჩევა	archeva
esconder (vt)	დამალვა	damalva
escrever (vt)	წერა	ts'era
esperar (o autocarro, etc.)	ლოდინი	lodini
esperar (ter esperança)	იმედოვნება	imedovneba
esquecer (vt)	დავიწყება	davits'qeba
estudar (vt)	შესწავლა	shests'avla
exigir (vt)	მოთხოვნა	motkhovna
existir (vi)	არსებობა	arseboba
explicar (vt)	ახსნა	akhsna
falar (vi)	ლაპარაკი	lap'arak'i
faltar (clases, etc.)	გაცდენა	gatsdena
fazer (vt)	კეთება	k'eteba
ficar em silêncio	დუმილი	dumili
gabar-se, jactar-se (vr)	ტრაბახი	t'rabakhi
gostar (apreciar)	მოწონება	mots'oneba
gritar (vi)	ყვირილი	qvirili

guardar (cartas, etc.)	შენახვა	shenakhva
informar (vt)	ინფორმირება	inpormireba
insistir (vi)	დაჟინება	dazhineba
insultar (vt)	შეურაცხყოფა	sheuratskhqopa
interessar-se (vr)	დაინტერესება	daint'ereseba
ir (a pé)	სვლა	svla
ir nadar	ბანაობა	banaoba
jantar (vi)	ვახშმობა	vakhshmoba

12. Os verbos mais importantes. Parte 3

ler (vt)	კითხვა	k'itkhva
libertar (cidade, etc.)	გათავისუფლება	gatavisupleba
matar (vt)	მოკვლა	mok'vla
mencionar (vt)	ხსენება	khseneba
mostrar (vt)	ჩვენება	chveneba
mudar (modificar)	შეცვლა	shetsvla
nadar (vi)	ცურვა	tsurva
negar-se a ...	უარის თქმა	uaris tkma
objetar (vt)	წინააღმდეგ ყოფნა	ts'inaaghmdeg qopna
observar (vt)	დაკვირვება	dak'virveba
ordenar (mil.)	ბრძანება	brdzaneba
ouvir (vt)	სმენა	smena
pagar (vt)	გადახდა	gadakhda
parar (vi)	გაჩერება	gachereba
participar (vi)	მონაწილეობა	monats'ileoba
pedir (comida)	შეკვეთა	shek'veta
pedir (um favor, etc.)	თხოვნა	tkhovna
pegar (tomar)	აღება	agheba
pensar (vt)	ფიქრი	pikri
perceber (ver)	შენიშვნა	shenishvna
perdoar (vt)	პატიება	p'at'ieba
perguntar (vt)	კითხვა	k'itkhva
permitir (vt)	ნების დართვა	nebis dartva
pertencer a ...	კუთვნება	k'utvneba
planear (vt)	დაგეგმვა	dagegmva
poder (vi)	შეძლება	shedzleba
possuir (vt)	ფლობა	ploba
preferir (vt)	მჯობინება	mjobineba
preparar (vt)	მზადება	mzadeba
prever (vt)	გათვალისწინება	gatvalists'ineba
prometer (vt)	დაპირება	dap'ireba
pronunciar (vt)	წარმოთქმა	ts'armotkma
propor (vt)	შეთავაზება	shetavazeba
punir (castigar)	დასჯა	dasja

13. Os verbos mais importantes. Parte 4

quebrar (vt)	ტეხა	t'ekha
queixar-se (vr)	ჩივილი	chivili
querer (desejar)	ნდომა	ndoma
recomendar (vt)	რეკომენდაციის მიცემა	rek'omendatsiis mitsema
repetir (dizer outra vez)	გამეორება	gameoreba
repreender (vt)	ლანძღვა	landzghva
reservar (~ um quarto)	რეზერვირება	rezervireba
responder (vt)	პასუხის გაცემა	p'asukhis gatsema
rezar, orar (vi)	ლოცვა	lotsva
rir (vi)	სიცილი	sitsili
roubar (vt)	პარვა	p'arva
saber (vt)	ცოდნა	tsodna
sair (~ de casa)	გამოსვლა	gamosvla
salvar (vt)	გადარჩენა	gadarchena
seguir ...	მიდევნა	midevna
sentar-se (vr)	დაჯდომა	dajdoma
ser necessário	საჭიროება	sach'iroeba
ser, estar	ყოფნა	qopna
significar (vt)	აღნიშვნა	aghnishvna
sorrir (vi)	გაღიმება	gaghimeba
subestimar (vt)	არშეფასება	arshepaseba
surpreender-se (vr)	გაკვირვება	gak'virveba
tentar (vt)	ცდა	tsda
ter (anim.)	ყოლა	qola
ter (inanim.)	ქონა	kona
ter medo	შიში	shishi
tocar (com as mãos)	ხელის ხლება	khelis khleba
tomar o pequeno-almoço	საუზმობა	sauzmoba
trabalhar (vi)	მუშაობა	mushaoba
traduzir (vt)	თარგმნა	targmna
unir (vt)	გაერთიანება	gaertianeba
vender (vt)	გაყიდვა	gaqidva
ver (vt)	ხედვა	khedva
virar (ex. ~ à direita)	მობრუნება	mobruneba
voar (vi)	ფრენა	prena

14. Cores

cor (f)	ფერი	peri
matiz (m)	ელფერი	elperi
tom (m)	ტონი	t'oni
arco-íris (m)	ცისარტყელა	tsisart'qela
branco	თეთრი	tetri
preto	შავი	shavi

cinzento	რუხი	rukhi
verde	მწვანე	mts'vane
amarelo	ყვითელი	qviteli
vermelho	წითელი	ts'iteli

azul	ლურჯი	lurji
azul claro	ცისფერი	tsisperi
rosa	ვარდისფერი	vardisperi
laranja	ნარინჯისფერი	narinjisperi
violeta	იისფერი	iisperi
castanho	ყავისფერი	qavisperi

dourado	ოქროსფერი	okrosperi
prateado	ვერცხლისფერი	vertskhlisperi

bege	ჩალისფერი	chalisperi
creme	კრემისფერი	k'remisperi
turquesa	ფირუზისფერი	piruzisperi
vermelho cereja	ალუბლისფერი	alublisperi
lilás	ლილისფერი	lilisperi
carmesim	ჟოლოსფერი	zholosperi

claro	ღია ფერისა	ghia perisa
escuro	მუქი	muki
vivo	კაშკაშა	k'ashk'asha

de cor	ფერადი	peradi
a cores	ფერადი	peradi
preto e branco	შავ-თეთრი	shav-tetri
unicolor	ერთფეროვანი	ertperovani
multicor	მრავალფეროვანი	mravalperovani

15. Questões

Quem?	ვინ?	vin?
Que?	რა?	ra?
Onde?	სად?	sad?
Para onde?	სად?	sad?
De onde?	საიდან?	saidan?
Quando?	როდის?	rodis?
Para quê?	რისთვის?	ristvis?
Porquê?	რატომ?	rat'om?

Para quê?	რისთვის?	ristvis?
Como?	როგორ?	rogor?
Qual?	როგორი?	rogori?
Qual? (entre dois ou mais)	რომელი?	romeli?

A quem?	ვის?	vis?
Sobre quem?	ვიზე?	vize?
Do quê?	რაზე?	raze?
Com quem?	ვისთან ერთად?	vistan ertad?
Quanto, -os, -as?	რამდენი?	ramdeni?
De quem? (masc.)	ვისი?	visi?

16. Preposições

com (prep.)	ერთად	ertad
sem (prep.)	გარეშე	gareshe
a, para (exprime lugar)	-ში	-shi
sobre (ex. falar ~)	შესახებ	shesakheb
antes de ...	წინ	ts'in
diante de ...	წინ	ts'in
sob (debaixo de)	ქვეშ	kvesh
sobre (em cima de)	ზემოთ	zemot
sobre (~ a mesa)	-ზე	-ze
de (vir ~ Lisboa)	-დან	-dan
de (feito ~ pedra)	-გან	-gan
dentro de (~ dez minutos)	-ში	-shi
por cima de ...	-ზე	-ze

17. Palavras funcionais. Advérbios. Parte 1

Onde?	სად?	sad?
aqui	აქ	ak
lá, ali	იქ	ik
em algum lugar	სადღაც	sadghats
em lugar nenhum	არსად	arsad
ao pé de ...	-თან	-tan
ao pé da janela	ფანჯარასთან	panjarastan
Para onde?	სად?	sad?
para cá	აქ	ak
para lá	იქ	ik
daqui	აქედან	akedan
de lá, dali	იქიდან	ikidan
perto	ახლოს	akhlos
longe	შორს	shors
perto de ...	გვერდით	gverdit
ao lado de	გვერდით	gverdit
perto, não fica longe	ახლო	akhlo
esquerdo	მარცხენა	martskhena
à esquerda	მარცხნივ	martskhniv
para esquerda	მარცხნივ	martskhniv
direito	მარჯვენა	marjvena
à direita	მარჯვნივ	marjvniv
para direita	მარჯვნივ	marjvniv
à frente	წინ	ts'in
da frente	წინა	ts'ina

em frente (para a frente)	წინ	ts'in
atrás de ...	უკან	uk'an
por detrás (vir ~)	უკნიდან	uk'nidan
para trás	უკან	uk'an

meio (m), metade (f)	შუა	shua
no meio	შუაში	shuashi

de lado	გვერდიდან	gverdidan
em todo lugar	ყველგან	qvelgan
ao redor (olhar ~)	გარშემო	garshemo

de dentro	შიგნიდან	shignidan
para algum lugar	სადღაც	sadghats
diretamente	პირდაპირ	p'irdap'ir
de volta	უკან	uk'an

de algum lugar	საიდანმე	saidanme
de um lugar	საიდანღაც	saidanghats

em primeiro lugar	პირველ რიგში	p'irvel rigshi
em segundo lugar	მეორედ	meored
em terceiro lugar	მესამედ	mesamed

de repente	უცებ	utseb
no início	თავდაპირველად	tavdap'irvelad
pela primeira vez	პირველად	p'irvelad
muito antes de ...	დიდი ხნით ადრე	didi khnit adre
de novo, novamente	ხელახლა	khelakhla
para sempre	სამუდამოდ	samudamod

nunca	არასდროს	arasdros
de novo	ისევ	isev
agora	ახლა	akhla
frequentemente	ხშირად	khshirad
então	მაშინ	mashin
urgentemente	სასწრაფოდ	sasts'rapod
usualmente	ჩვეულებრივად	chveulebrivad

a propósito, ...	სხვათა შორის	skhvata shoris
é possível	შესაძლოა	shesadzloa
provavelmente	ალბათ	albat
talvez	შეიძლება	sheidzleba
além disso, ...	ამას გარდა, ...	amas garda, ...
por isso ...	ამიტომ	amit'om
apesar de ...	მიუხედავად	miukhedavad
graças a ...	წყალობით	ts'qalobit

que (pron.)	რა	ra
que (conj.)	რომ	rom
algo	რაღაც	raghats
alguma coisa	რაიმე	raime
nada	არაფერი	araperi

quem	ვინ	vin
alguém (~ teve uma ideia ...)	ვიღაც	vighats

alguém	ვინმე	vinme
ninguém	არავინ	aravin
para lugar nenhum	არსად	arsad
de ninguém	არავისი	aravisi
de alguém	ვინმესი	vinmesi
tão	ასე	ase
também (gostaria ~ de …)	აგრეთვე	agretve
também (~ eu)	-ც	-ts

18. Palavras funcionais. Advérbios. Parte 2

Porquê?	რატომ?	rat'om?
por alguma razão	რატომღაც	rat'omghats
porque …	იმიტომ, რომ …	imit'om, rom …
por qualquer razão	რატომღაც	rat'omghats
e (tu ~ eu)	და	da
ou (ser ~ não ser)	ან	an
mas (porém)	მაგრამ	magram
para (~ a minha mãe)	-თვის	-tvis
demasiado, muito	მეტისმეტად	met'ismet'ad
só, somente	მხოლოდ	mkholod
exatamente	ზუსტად	zust'ad
cerca de (~ 10 kg)	თითქმის	titkmis
aproximadamente	დაახლოებით	daakhloebit
aproximado	დაახლოებითი	daakhloebiti
quase	თითქმის	titkmis
resto (m)	დანარჩენი	danarcheni
cada	ყოველი	qoveli
qualquer	ნებისმიერი	nebismieri
muito	ბევრი	bevri
muitas pessoas	ბევრნი	bevrni
todos	ყველა	qvela
em troca de …	ნაცვლად	natsvlad
em troca	ნაცვლად	natsvlad
à mão	ხელით	khelit
pouco provável	საეჭვოა	saech'voa
provavelmente	ალბათ	albat
de propósito	განზრახ	ganzrakh
por acidente	შემთხვევით	shemtkhvevit
muito	ძალიან	dzalian
por exemplo	მაგალითად	magalitad
entre	შორის	shoris
entre (no meio de)	შორის	shoris
tanto	ამდენი	amdeni
especialmente	განსაკუთრებით	gansak'utrebit

Conceitos básicos. Parte 2

19. Dias da semana

segunda-feira (f)	ორშაბათი	orshabati
terça-feira (f)	სამშაბათი	samshabati
quarta-feira (f)	ოთხშაბათი	otkhshabati
quinta-feira (f)	ხუთშაბათი	khutshabati
sexta-feira (f)	პარასკევი	p'arask'evi
sábado (m)	შაბათი	shabati
domingo (m)	კვირა	k'vira
hoje	დღეს	dghes
amanhã	ხვალ	khval
depois de amanhã	ზეგ	zeg
ontem	გუშინ	gushin
anteontem	გუშინწინ	gushints'in
dia (m)	დღე	dghe
dia (m) de trabalho	სამუშაო დღე	samushao dghe
feriado (m)	სადღესასწაულო დღე	sadghesasts'aulo dghe
dia (m) de folga	დასვენების დღე	dasvenebis dghe
fim (m) de semana	დასვენების დღეები	dasvenebis dgheebi
o dia todo	მთელი დღე	mteli dghe
no dia seguinte	მომდევნო დღეს	momdevno dghes
há dois dias	ორი დღის წინ	ori dghis ts'in
na véspera	წინადღეს	ts'inadghes
diário	ყოველდღიური	qoveldghiuri
todos os dias	ყოველდღიურად	qoveldghiurad
semana (f)	კვირა	k'vira
na semana passada	გასულ კვირას	gasul k'viras
na próxima semana	მომდევნო კვირას	momdevno k'viras
semanal	ყოველკვირეული	qovelk'vireuli
cada semana	ყოველკვირეულად	qovelk'vireulad
duas vezes por semana	კვირაში ორჯერ	k'virashi orjer
cada terça-feira	ყოველ სამშაბათს	qovel samshabats

20. Horas. Dia e noite

manhã (f)	დილა	dila
de manhã	დილით	dilit
meio-dia (m)	შუადღე	shuadghe
à tarde	სადილის შემდეგ	sadilis shemdeg
noite (f)	საღამო	saghamo
à noite (noitinha)	საღამოს	saghamos

noite (f)	ღამე	ghame
à noite	ღამით	ghamit
meia-noite (f)	შუაღამე	shuaghame
segundo (m)	წამი	ts'ami
minuto (m)	წუთი	ts'uti
hora (f)	საათი	saati
meia hora (f)	ნახევარი საათი	nakhevari saati
quarto (m) de hora	თხუთმეტი წუთი	tkhutmet'i ts'uti
quinze minutos	თხუთმეტი წუთი	tkhutmet'i ts'uti
vinte e quatro horas	დღე-ღამე	dghe-ghame
nascer (m) do sol	მზის ამოსვლა	mzis amosvla
amanhecer (m)	განთიადი	gantiadi
madrugada (f)	ადრიანი დილა	adriani dila
pôr do sol (m)	მზის ჩასვლა	mzis chasvla
de madrugada	დილით ადრე	dilit adre
hoje de manhã	დღეს დილით	dghes dilit
amanhã de manhã	ხვალ დილით	khval dilit
hoje à tarde	დღეს	dghes
à tarde	სადილის შემდეგ	sadilis shemdeg
amanhã à tarde	ხვალ სადილის შემდეგ	khval sadilis shemdeg
hoje à noite	დღეს საღამოს	dghes saghamos
amanhã à noite	ხვალ საღამოს	khval saghamos
às três horas em ponto	ზუსტად სამ საათზე	zust'ad sam saatze
por volta das quatro	დაახლოებით ოთხი საათი	daakhloebit otkhi saati
às doze	თორმეტი საათისთვის	tormet'i saatistvis
dentro de vinte minutos	ოც წუთში	ots ts'utshi
dentro duma hora	ერთ საათში	ert saatshi
a tempo	დროულად	droulad
menos um quarto	თხუთმეტი წუთი აკლია	tkhutmet'i ts'uti ak'lia
durante uma hora	საათის განმავლობაში	saatis ganmavlobashi
a cada quinze minutos	ყოველ თხუთმეტ წუთში	qovel tkhutmet' ts'utshi
as vinte e quatro horas	დღე-ღამის განმავლობაში	dghe-ghamis ganmavlobashi

21. Meses. Estações

janeiro (m)	იანვარი	ianvari
fevereiro (m)	თებერვალი	tebervali
março (m)	მარტი	mart'i
abril (m)	აპრილი	ap'rili
maio (m)	მაისი	maisi
junho (m)	ივნისი	ivnisi
julho (m)	ივლისი	ivlisi
agosto (m)	აგვისტო	agvist'o
setembro (m)	სექტემბერი	sekt'emberi
outubro (m)	ოქტომბერი	okt'omberi

novembro (m)	ნოემბერი	noemberi
dezembro (m)	დეკემბერი	dek'emberi

primavera (f)	გაზაფხული	gazapkhuli
na primavera	გაზაფხულზე	gazapkhulze
primaveril	გაზაფხულისა	gazapkhulisa

verão (m)	ზაფხული	zapkhuli
no verão	ზაფხულში	zapkhulshi
de verão	ზაფხულისა	zapkhulisa

outono (m)	შემოდგომა	shemodgoma
no outono	შემოდგომაზე	shemodgomaze
outonal	შემოდგომისა	shemodgomisa

inverno (m)	ზამთარი	zamtari
no inverno	ზამთარში	zamtarshi
de inverno	ზამთრის	zamtris

mês (m)	თვე	tve
este mês	ამ თვეში	am tveshi
no próximo mês	მომდევნო თვეს	momdevno tves
no mês passado	გასულ თვეს	gasul tves

há um mês	ერთი თვის წინ	erti tvis ts'in
dentro de um mês	ერთი თვის შემდეგ	erti tvis shemdeg
dentro de dois meses	ორი თვის შემდეგ	ori tvis shemdeg
todo o mês	მთელი თვე	mteli tve
um mês inteiro	მთელი თვე	mteli tve

mensal	ყოველთვიური	qoveltviuri
mensalmente	ყოველთვიურად	qoveltviurad
cada mês	ყოველ თვე	qovel tve
duas vezes por mês	თვეში ორჯერ	tveshi orjer

ano (m)	წელი	ts'eli
este ano	წელს	ts'els
no próximo ano	მომავალ წელს	momaval ts'els
no ano passado	შარშან	sharshan

há um ano	ერთი წლის წინ	erti ts'lis ts'in
dentro dum ano	ერთი წლის შემდეგ	erti ts'lis shemdeg
dentro de 2 anos	ორი წლის შემდეგ	ori ts'lis shemdeg
todo o ano	მთელი წელი	mteli ts'eli
um ano inteiro	მთელი წელი	mteli ts'eli

cada ano	ყოველ წელს	qovel ts'els
anual	ყოველწლიური	qovelts'liuri
anualmente	ყოველწლიურად	qovelts'liurad
quatro vezes por ano	წელიწადში ოთხჯერ	ts'elits'adshi otkhjer

data (~ de hoje)	რიცხვი	ritskhvi
data (ex. ~ de nascimento)	თარიღი	tarighi
calendário (m)	კალენდარი	k'alendari
meio ano	ნახევარი წელი	nakhevari ts'eli
seis meses	ნახევარწელი	nakhevarts'eli

estação (f)	სეზონი	sezoni
século (m)	საუკუნე	sauk'une

22. Unidades de medida

peso (m)	წონა	ts'ona
comprimento (m)	სიგრძე	sigrdze
largura (f)	სიგანე	sigane
altura (f)	სიმაღლე	simaghle
profundidade (f)	სიღრმე	sighrme
volume (m)	მოცულობა	motsuloba
área (f)	ფართობი	partobi
grama (m)	გრამი	grami
miligrama (m)	მილიგრამი	miligrami
quilograma (m)	კილოგრამი	k'ilogrami
tonelada (f)	ტონა	t'ona
libra (453,6 gramas)	გირვანქა	girvanka
onça (f)	უნცია	untsia
metro (m)	მეტრი	met'ri
milímetro (m)	მილიმეტრი	milimet'ri
centímetro (m)	სანტიმეტრი	sant'imet'ri
quilómetro (m)	კილომეტრი	k'ilomet'ri
milha (f)	მილი	mili
polegada (f)	დუიმი	duimi
pé (304,74 mm)	ფუტი	put'i
jarda (914,383 mm)	იარდი	iardi
metro (m) quadrado	კვადრატული მეტრი	k'vadrat'uli met'ri
hectare (m)	ჰექტარი	hek't'ari
litro (m)	ლიტრი	lit'ri
grau (m)	გრადუსი	gradusi
volt (m)	ვოლტი	volt'i
ampere (m)	ამპერი	amp'eri
cavalo-vapor (m)	ცხენის ძალა	tskhenis dzala
quantidade (f)	რაოდენობა	raodenoba
um pouco de ...	ცოტაოდენი ...	tsot'aodeni ...
metade (f)	ნახევარი	nakhevari
dúzia (f)	დუჟინი	duzhini
peça (f)	ცალი	tsali
dimensão (f)	ზომა	zoma
escala (f)	მასშტაბი	massht'abi
mínimo	მინიმალური	minimaluri
menor, mais pequeno	უმცირესი	umtsiresi
médio	საშუალო	sashualo
máximo	მაქსიმალური	maksimaluri
maior, mais grande	უდიდესი	udidesi

23. Recipientes

boião (m) de vidro	ქილა	kila
lata (~ de cerveja)	ქილა	kila
balde (m)	ვედრო	vedro
barril (m)	კასრი	k'asri

bacia (~ de plástico)	ტაშტი	t'asht'i
tanque (m)	ბაკი	bak'i
cantil (m) de bolso	მათარა	matara
bidão (m) de gasolina	კანისტრა	k'anist'ra
cisterna (f)	ცისტერნა	tsist'erna

caneca (f)	კათხა	k'atkha
chávena (f)	ფინჯანი	pinjani
pires (m)	ლამბაქი	lambaki
copo (m)	ჭიქა	ch'ika
taça (f) de vinho	ბოკალი	bok'ali
panela, caçarola (f)	ქვაბი	kvabi

garrafa (f)	ბოთლი	botli
gargalo (m)	ყელი	qeli

jarro, garrafa (f)	გრაფინი	grapini
jarro (m) de barro	დოქი	doki
recipiente (m)	ჭურჭელი	ch'urch'eli
pote (m)	ქოთანი	kotani
vaso (m)	ლარნაკი	larnak'i

frasco (~ de perfume)	ფლაკონი	plak'oni
frasquinho (ex. ~ de iodo)	შუშა	shusha
tubo (~ de pasta dentífrica)	ტუბი	t'ubi

saca (ex. ~ de açúcar)	ტომარა	t'omara
saco (~ de plástico)	პაკეტი	p'ak'et'i
maço (m)	შეკვრა	shek'vra

caixa (~ de sapatos, etc.)	კოლოფი	k'olopi
caixa (~ de madeira)	ყუთი	quti
cesta (f)	კალათი	k'alati

O SER HUMANO

O ser humano. O corpo

24. Cabeça

cabeça (f)	თავი	tavi
cara (f)	სახე	sakhe
nariz (m)	ცხვირი	tskhviri
boca (f)	პირი	p'iri
olho (m)	თვალი	tvali
olhos (m pl)	თვალები	tvalebi
pupila (f)	გუგა	guga
sobrancelha (f)	წარბი	ts'arbi
pestana (f)	წამწამი	ts'amts'ami
pálpebra (f)	ქუთუთო	kututo
língua (f)	ენა	ena
dente (m)	კბილი	k'bili
lábios (m pl)	ტუჩები	t'uchebi
maçãs (f pl) do rosto	ყვრიმალები	qvrimalebi
gengiva (f)	ღრძილი	ghrdzili
palato (m)	სასა	sasa
narinas (f pl)	ნესტოები	nest'oebi
queixo (m)	ნიკაპი	nik'ap'i
mandíbula (f)	ყბა	qba
bochecha (f)	ლოყა	loqa
testa (f)	შუბლი	shubli
têmpora (f)	საფეთქელი	sapetkeli
orelha (f)	ყური	quri
nuca (f)	კეფა	k'epa
pescoço (m)	კისერი	k'iseri
garganta (f)	ყელი	qeli
cabelos (m pl)	თმები	tmebi
penteado (m)	ვარცხნილობა	vartskhniloba
corte (m) de cabelo	შეკრეჭილი თმა	shek'rech'ili tma
peruca (f)	პარიკი	p'arik'i
bigode (m)	ულვაშები	ulvashebi
barba (f)	წვერი	ts'veri
usar, ter (~ barba, etc.)	ტარება	t'areba
trança (f)	ნაწნავი	nats'navi
suíças (f pl)	ბაკენბარდები	bak'enbardebi
ruivo	წითური	ts'ituri
grisalho	ჭაღარა	ch'aghara

calvo	მელოტი	melot'i
calva (f)	მელოტი	melot'i
rabo-de-cavalo (m)	კუდი	k'udi
franja (f)	შუბლზე შეჭრილი თმა	shublze shech'rili tma

25. Corpo humano

mão (f)	მტევანი	mt'evani
braço (m)	მკლავი	mk'lavi
dedo (m)	თითი	titi
polegar (m)	ცერა თითი	tsera titi
dedo (m) mindinho	ნეკი	nek'i
unha (f)	ფრჩხილი	prchkhili
punho (m)	მუშტი	musht'i
palma (f) da mão	ხელისგული	khelisguli
pulso (m)	მაჯა	maja
antebraço (m)	წინამხარი	ts'inamkhari
cotovelo (m)	იდაყვი	idaqvi
ombro (m)	მხარი	mkhari
perna (f)	ფეხი	pekhi
pé (m)	ტერფი	t'erpi
joelho (m)	მუხლი	mukhli
barriga (f) da perna	წვივი	ts'vivi
anca (f)	თეძო	tedzo
calcanhar (m)	ქუსლი	kusli
corpo (m)	ტანი	t'ani
barriga (f)	მუცელი	mutseli
peito (m)	მკერდი	mk'erdi
seio (m)	მკერდი	mk'erdi
lado (m)	გვერდი	gverdi
costas (f pl)	ზურგი	zurgi
região (f) lombar	წელი	ts'eli
cintura (f)	წელი	ts'eli
umbigo (m)	ჭიპი	ch'ip'i
nádegas (f pl)	დუნდულები	dundulebi
traseiro (m)	საჯდომი	sajdomi
sinal (m)	ხალი	khali
tatuagem (f)	ტატუირება	t'at'uireba
cicatriz (f)	ნაიარევი	naiarevi

Vestuário & Acessórios

26. Roupa exterior. Casacos

roupa (f)	ტანსაცმელი	t'ansatsmeli
roupa (f) exterior	ზედა ტანსაცმელი	zeda t'ansatsmeli
roupa (f) de inverno	ზამთრის ტანსაცმელი	zamtris t'ansatsmeli
sobretudo (m)	პალტო	p'alt'o
casaco (m) de peles	ქურქი	kurki
casaco curto (m) de peles	ჯუბაჩა	jubacha
casaco (m) acolchoado	ყურთუკი	qurtuk'i
casaco, blusão (m)	ქურთუკი	kurtuk'i
impermeável (m)	ლაბადა	labada
impermeável	ულტობი	ult'obi

27. Vestuário de homem & mulher

camisa (f)	პერანგი	p'erangi
calças (f pl)	შარვალი	sharvali
calças (f pl) de ganga	ჯინსი	jinsi
casaco (m) de fato	პიჯაკი	p'ijak'i
fato (m)	კოსტიუმი	k'ost'iumi
vestido (ex. ~ vermelho)	კაბა	k'aba
saia (f)	ბოლოკაბა	bolok'aba
blusa (f)	ბლუზა	bluza
casaco (m) de malha	კოფთა	k'opta
casaco, blazer (m)	ჟაკეტი	zhak'et'i
T-shirt, camiseta (f)	მაისური	maisuri
calções (Bermudas, etc.)	შორტი	short'i
fato (m) de treino	სპორტული კოსტიუმი	sp'ort'uli k'ost'iumi
roupão (m) de banho	ხალათი	khalati
pijama (m)	პიჟამო	p'izhamo
suéter (m)	სვიტრი	svit'ri
pulôver (m)	პულოვერი	p'uloveri
colete (m)	ჟილეტი	zhilet'i
fraque (m)	ფრაკი	prak'i
smoking (m)	სმოკინგი	smok'ingi
uniforme (m)	ფორმა	porma
roupa (f) de trabalho	სამუშაო ტანსაცმელი	samushao t'ansatsmeli
fato-macaco (m)	კომბინეზონი	k'ombinezoni
bata (~ branca, etc.)	ხალათი	khalati

28. Vestuário. Roupa interior

roupa (f) interior	საცვალი	satsvali
camisola (f) interior	მაისური	maisuri
peúgas (f pl)	წინდები	ts'indebi
camisa (f) de noite	ღამის პერანგი	ghamis p'erangi
sutiã (m)	ბიუსტჰალტერი	biust'halt'eri
meias longas (f pl)	გოლფი-წინდები	golpi-ts'indebi
meia-calça (f)	კოლგოტი	k'olgot'i
meias (f pl)	ყელიანი წინდები	qeliani ts'indebi
fato (m) de banho	საბანაო კოსტიუმი	sabanao k'ost'iumi

29. Adereços de cabeça

chapéu (m)	ქუდი	kudi
chapéu (m) de feltro	ქუდი	kudi
boné (m) de beisebol	ბეისბოლის კეპი	beisbolis k'ep'i
boné (m)	კეპი	k'ep'i
boina (f)	ბერეტი	beret'i
capuz (m)	კაპიუშონი	k'ap'iushoni
panamá (m)	პანამა	p'anama
gorro (m) de malha	ნაქსოვი ქუდი	naksovi kudi
lenço (m)	თავსაფარი	tavsapari
chapéu (m) de mulher	ქუდი	kudi
capacete (m) de proteção	კასკა	k'ask'a
bibico (m)	პილოტურა	p'ilot'ura
capacete (m)	ჩაფხუტი	chapkhut'i
chapéu-coco (m)	ქვაბ-ქუდა	kvab-kuda
chapéu (m) alto	ცილინდრი	tsilindri

30. Calçado

calçado (m)	ფეხსაცმელი	pekhsatsmeli
botinas (f pl)	ყელიანი ფეხსაცმელი	qeliani pekhsatsmeli
sapatos (de salto alto, etc.)	ტუფლი	t'upli
botas (f pl)	ჩექმები	chekmebi
pantufas (f pl)	ჩუსტები	chust'ebi
ténis (m pl)	ფეხსაცმელი	pekhsatsmeli
sapatilhas (f pl)	კედი	k'edi
sandálias (f pl)	სანდლები	sandlebi
sapateiro (m)	მეჩექმე	mechekme
salto (m)	ქუსლი	kusli
par (m)	წყვილი	ts'qvili
atacador (m)	ზონარი	zonari

apertar os atacadores	ზონრით შეკვრა	zonrit shek'vra
calçadeira (f)	საშველი	sashveli
graxa (f) para calçado	ფეხსაცმლის კრემი	pekhsatsmlis k'remi

31. Acessórios pessoais

luvas (f pl)	ხელთათმანები	kheltatmanebi
mitenes (f pl)	ხელთათმანი	kheltatmani
cachecol (m)	კაშნი	k'ashni
óculos (m pl)	სათვალე	satvale
armação (f) de óculos	ჩარჩო	charcho
guarda-chuva (m)	ქოლგა	kolga
bengala (f)	ხელჯოხი	kheljokhi
escova (f) para o cabelo	თმის ჯაგრისი	tmis jagrisi
leque (m)	მარაო	marao
gravata (f)	ჰალსტუხი	halst'ukhi
gravata-borboleta (f)	პეპელა-ჰალსტუხი	p'ep'ela-halst'ukhi
suspensórios (m pl)	აჭიმი	ach'imi
lenço (m)	ცხვირსახოცი	tskhvirsakhotsi
pente (m)	სავარცხელი	savartskheli
travessão (m)	თმის სამაგრი	tmis samagri
gancho (m) de cabelo	თმის სარჭი	tmis sarch'i
fivela (f)	ბალთა	balta
cinto (m)	ქამარი	kamari
correia (f)	თასმა	tasma
mala (f)	ჩანთა	chanta
mala (f) de senhora	ჩანთა	chanta
mochila (f)	რუკზაკი	ruk'zak'i

32. Vestuário. Diversos

moda (f)	მოდა	moda
na moda	მოდური	moduri
estilista (m)	მოდელიერი	modelieri
colarinho (m), gola (f)	საყელო	saqelo
bolso (m)	ჯიბე	jibe
de bolso	ჯიბისა	jibisa
manga (f)	სახელო	sakhelo
alcinha (f)	საკიდარი	sak'idari
braguilha (f)	ბარტყი	bart'qi
fecho (m) de correr	ელვა-შესაკრავი	elva-shesak'ravi
fecho (m), colchete (m)	შესაკრავი	shesak'ravi
botão (m)	ღილი	ghili
casa (f) de botão	ჩასაღილავი	chasaghilavi
soltar-se (vr)	მოწყვეტა	mots'qvet'a

coser, costurar (vi)	კერვა	k'erva
bordar (vt)	ქარგვა	kargva
bordado (m)	ნაქარგი	nakargi
agulha (f)	ნემსი	nemsi
fio (m)	ძაფი	dzapi
costura (f)	ნაკერი	nak'eri
sujar-se (vr)	გასვრა	gasvra
mancha (f)	ლაქა	laka
engelhar-se (vr)	დაჭმუჭნა	dach'much'na
rasgar (vt)	გახევა	gakheva
traça (f)	ჩრჩილი	chrchili

33. Cuidados pessoais. Cosméticos

pasta (f) de dentes	კბილის პასტა	k'bilis p'ast'a
escova (f) de dentes	კბილის ჯაგრისი	k'bilis jagrisi
escovar os dentes	კბილების გახეხვა	k'bilebis gakhekhva
máquina (f) de barbear	სამართებელი	samartebeli
creme (m) de barbear	საპარსი კრემი	sap'arsi k'remi
barbear-se (vr)	პარსვა	p'arsva
sabonete (m)	საპონი	sap'oni
champô (m)	შამპუნი	shamp'uni
tesoura (f)	მაკრატელი	mak'rat'eli
lima (f) de unhas	ფრჩხილის ქლიბი	prchkhilis klibi
corta-unhas (m)	ფრჩხილის საკვნეტი	prchkhilis sak'vnet'i
pinça (f)	პინცეტი	p'intset'i
cosméticos (m pl)	კოსმეტიკა	k'osmet'ik'a
máscara (f) facial	ნიღაბი	nighabi
manicura (f)	მანიკიური	manik'iuri
fazer a manicura	მანიკიურის კეთება	manik'iuris k'eteba
pedicure (f)	პედიკიური	p'edik'iuri
mala (f) de maquilhagem	კოსმეტიკის ჩანთა	k'osmet'ik'is chanta
pó (m)	პუდრი	p'udri
caixa (f) de pó	საპუდრე	sap'udre
blush (m)	ფერი	peri
perfume (m)	სუნამო	sunamo
água (f) de toilette	ტუალეტის წყალი	t'ualet'is ts'qali
loção (f)	ლოსიონი	losioni
água-de-colónia (f)	ოდეკოლონი	odek'oloni
sombra (f) de olhos	ქუთუთოს ჩრდილი	kututos chrdili
lápis (m) delineador	თვალის ფანქარი	tvalis pankari
máscara (f), rímel (m)	ტუში	t'ushi
batom (m)	ტუჩის პომადა	t'uchis p'omada
verniz (m) de unhas	ფრჩხილის ლაქი	prchkhilis laki
laca (f) para cabelos	თმის ლაქი	tmis laki

desodorizante (m)	დეზოდორანტი	dezodorant'i
creme (m)	კრემი	k'remi
creme (m) de rosto	სახის კრემი	sakhis k'remi
creme (m) de mãos	ხელის კრემი	khelis k'remi
creme (m) antirrugas	ნაოჭების საწინააღმდეგო კრემი	naoch'ebis sats'inaaghmdego k'remi
de dia	დღისა	dghisa
da noite	ღამისა	ghamisa
tampão (m)	ტამპონი	t'amp'oni
papel (m) higiénico	ტუალეტის ქაღალდი	t'ualet'is kaghaldi
secador (m) elétrico	ფენი	peni

34. Relógios de pulso. Relógios

relógio (m) de pulso	საათი	saati
mostrador (m)	ციფერბლატი	tsiperblat'i
ponteiro (m)	ისარი	isari
bracelete (f) em aço	სამაჯური	samajuri
bracelete (f) em couro	თასმა	tasma
pilha (f)	ბატარეა	bat'area
descarregar-se	დაჯდომა	dajdoma
trocar a pilha	ბატარეის გამოცვლა	bat'areis gamotsvla
relógio (m) de parede	კედლის საათი	k'edlis saati
ampulheta (f)	ქვიშის საათი	kvishis saati
relógio (m) de sol	მზის საათი	mzis saati
despertador (m)	მაღვიძარა	maghvidzara
relojoeiro (m)	მესაათე	mesaate
reparar (vt)	გარემონტება	garemont'eba

Alimentação. Nutrição

35. Comida

carne (f)	ხორცი	khortsi
galinha (f)	ქათამი	katami
frango (m)	წიწილა	ts'its'ila
pato (m)	იხვი	ikhvi
ganso (m)	ბატი	bat'i
caça (f)	ნანადირევი	nanadirevi
peru (m)	ინდაური	indauri
carne (f) de porco	ღორის ხორცი	ghoris khortsi
carne (f) de vitela	ხბოს ხორცი	khbos khortsi
carne (f) de carneiro	ცხვრის ხორცი	tskhvris khortsi
carne (f) de vaca	საქონლის ხორცი	sakonlis khortsi
carne (f) de coelho	ბოცვერი	botsveri
chouriço, salsichão (m)	ძეხვი	dzekhvi
salsicha (f)	სოსისი	sosisi
bacon (m)	ბეკონი	bek'oni
fiambre (f)	ლორი	lori
presunto (m)	ბარკალი	bark'ali
patê (m)	პაშტეტი	p'asht'et'i
fígado (m)	ღვიძლი	ghvidzli
carne (f) moída	ფარში	parshi
língua (f)	ენა	ena
ovo (m)	კვერცხი	k'vertskhi
ovos (m pl)	კვერცხები	k'vertskhebi
clara (f) do ovo	ცილა	tsila
gema (f) do ovo	კვერცხის გული	k'vertskhis guli
peixe (m)	თევზი	tevzi
mariscos (m pl)	ზღვის პროდუქტები	zghvis p'rodukt'ebi
crustáceos (m pl)	კიბოსნაირნი	k'ibosnairni
caviar (m)	ხიზილალა	khizilala
caranguejo (m)	კიბორჩხალა	k'iborchkhala
camarão (m)	კრევეტი	k'revet'i
ostra (f)	ხამანწკა	khamants'k'a
lagosta (f)	ლანგუსტი	langust'i
polvo (m)	რვაფეხა	rvapekha
lula (f)	კალმარი	k'almari
esturjão (m)	თართი	tarti
salmão (m)	ორაგული	oraguli
halibute (m)	პალტუსი	p'alt'usi
bacalhau (m)	ვირთევზა	virtevza

cavala, sarda (f)	სკუმბრია	sk'umbria
atum (m)	თინუსი	tinusi
enguia (f)	გველთევზა	gveltevza
truta (f)	კალმახი	k'almakhi
sardinha (f)	სარდინი	sardini
lúcio (m)	ქარიყლაპია	kariqlap'ia
arenque (m)	ქაშაყი	kashaqi
pão (m)	პური	p'uri
queijo (m)	ყველი	qveli
açúcar (m)	შაქარი	shakari
sal (m)	მარილი	marili
arroz (m)	ბრინჯი	brinji
massas (f pl)	მაკარონი	mak'aroni
talharim (m)	ატრია	at'ria
manteiga (f)	კარაქი	k'araki
óleo (m) vegetal	მცენარეული ზეთი	mtsenarueli zeti
óleo (m) de girassol	მზესუმზირის ზეთი	mzesumziris zeti
margarina (f)	მარგარინი	margarini
azeitonas (f pl)	ზეითუნი	zeituni
azeite (m)	ზეითუნის ზეთი	zeitunis zeti
leite (m)	რძე	rdze
leite (m) condensado	შესქელებული რძე	sheskelebuli rdze
iogurte (m)	იოგურტი	iogurt'i
nata (f) azeda	არაჟანი	arazhani
nata (f) do leite	ნაღები	naghebi
maionese (f)	მაიონეზი	maionezi
creme (m)	კრემი	k'remi
grãos (m pl) de cereais	ბურღული	burghuli
farinha (f)	ფქვილი	pkvili
enlatados (m pl)	კონსერვები	k'onservebi
flocos (m pl) de milho	სიმინდის ბურბუშელა	simindis burbushela
mel (m)	თაფლი	tapli
doce (m)	ჯემი	jemi
pastilha (f) elástica	საღეჭი რეზინი	saghech'i rezini

36. Bebidas

água (f)	წყალი	ts'qali
água (f) potável	სასმელი წყალი	sasmeli ts'qali
água (f) mineral	მინერალური წყალი	mineraluri ts'qali
sem gás	უგაზო	ugazo
gaseificada	გაზირებული	gazirebuli
com gás	გაზიანი	gaziani
gelo (m)	ყინული	qinuli

com gelo	ყინულით	qinulit
sem álcool	უალკოჰოლო	ualk'oholo
bebida (f) sem álcool	უალკოჰოლო სასმელი	ualk'oholo sasmeli
refresco (m)	გამაგრილებელი სასმელი	gamagrilebeli sasmeli
limonada (f)	ლიმონათი	limonati
bebidas (f pl) alcoólicas	ალკოჰოლიანი სასმელები	alk'oholiani sasmelebi
vinho (m)	ღვინო	ghvino
vinho (m) branco	თეთრი ღვინო	tetri ghvino
vinho (m) tinto	წითელი ღვინო	ts'iteli ghvino
licor (m)	ლიქიორი	likiori
champanhe (m)	შამპანური	shamp'anuri
vermute (m)	ვერმუტი	vermut'i
uísque (m)	ვისკი	visk'i
vodka (f)	არაყი	araqi
gim (m)	ჯინი	jini
conhaque (m)	კონიაკი	k'oniak'i
rum (m)	რომი	romi
café (m)	ყავა	qava
café (m) puro	შავი ყავა	shavi qava
café (m) com leite	რძიანი ყავა	rdziani qava
cappuccino (m)	ნაღებიანი ყავა	naghebiani qava
café (m) solúvel	ხსნადი ყავა	khsnadi qava
leite (m)	რძე	rdze
coquetel (m)	კოკტეილი	k'ok't'eili
batido (m) de leite	რძის კოკტეილი	rdzis k'ok't'eili
sumo (m)	წვენი	ts'veni
sumo (m) de tomate	ტომატის წვენი	t'omat'is ts'veni
sumo (m) de laranja	ფორთოხლის წვენი	portokhlis ts'veni
sumo (m) fresco	ახლადგამოწურული წვენი	akhladgamots'uruli ts'veni
cerveja (f)	ლუდი	ludi
cerveja (f) clara	ღია ფერის ლუდი	ghia peris ludi
cerveja (f) preta	მუქი ლუდი	muki ludi
chá (m)	ჩაი	chai
chá (m) preto	შავი ჩაი	shavi chai
chá (m) verde	მწვანე ჩაი	mts'vane chai

37. Vegetais

legumes (m pl)	ბოსტნეული	bost'neuli
verduras (f pl)	მწვანილი	mts'vanili
tomate (m)	პომიდორი	p'omidori
pepino (m)	კიტრი	k'it'ri
cenoura (f)	სტაფილო	st'apilo
batata (f)	კარტოფილი	k'art'opili
cebola (f)	ხახვი	khakhvi

alho (m)	ნიორი	niori
couve (f)	კომბოსტო	k'ombost'o
couve-flor (f)	ყვავილოვანი კომბოსტო	qvavilovani k'ombost'o
couve-de-bruxelas (f)	ბრიუსელის კომბოსტო	briuselis k'ombost'o
brócolos (m pl)	კომბოსტო ბროკოლი	k'ombost'o brok'oli
beterraba (f)	ჭარხალი	ch'arkhali
beringela (f)	ბადრიჯანი	badrijani
curgete (f)	ყაბაყი	qabaqi
abóbora (f)	გოგრა	gogra
nabo (m)	თალგამი	talgami
salsa (f)	ოხრახუში	okhrakhushi
funcho, endro (m)	კამა	k'ama
alface (f)	სალათი	salati
aipo (m)	ნიახური	niakhuri
espargo (m)	სატაცური	sat'atsuri
espinafre (m)	ისპანახი	isp'anakhi
ervilha (f)	ბარდა	barda
fava (f)	პარკები	p'ark'ebi
milho (m)	სიმინდი	simindi
feijão (m)	ლობიო	lobio
pimentão (m)	წიწაკა	ts'its'ak'a
rabanete (m)	ბოლოკი	bolok'i
alcachofra (f)	არტიშოკი	art'ishok'i

38. Frutos. Nozes

fruta (f)	ხილი	khili
maçã (f)	ვაშლი	vashli
pera (f)	მსხალი	mskhali
limão (m)	ლიმონი	limoni
laranja (f)	ფორთოხალი	portokhali
morango (m)	მარწყვი	marts'qvi
tangerina (f)	მანდარინი	mandarini
ameixa (f)	ქლიავი	kliavi
pêssego (m)	ატამი	at'ami
damasco (m)	გარგარი	gargari
framboesa (f)	ჟოლო	zholo
ananás (m)	ანანასი	ananasi
banana (f)	ბანანი	banani
melancia (f)	საზამთრო	sazamtro
uva (f)	ყურძენი	qurdzeni
ginja (f)	ალუბალი	alubali
cereja (f)	ბალი	bali
meloa (f)	ნესვი	nesvi
toranja (f)	გრეიფრუტი	greiprut'i
abacate (m)	ავოკადო	avok'ado
papaia (f)	პაპაია	p'ap'aia

manga (f)	მანგო	mango
romã (f)	ბროწეული	brots'euli
groselha (f) vermelha	წითელი მოცხარი	ts'iteli motskhari
groselha (f) preta	შავი მოცხარი	shavi motskhari
groselha (f) espinhosa	ხურტკმელი	khurt'k'meli
mirtilo (m)	მოცვი	motsvi
amora silvestre (f)	მაყვალი	maqvali
uvas (f pl) passas	ქიშმიში	kishmishi
figo (m)	ლეღვი	leghvi
tâmara (f)	ფინიკი	pinik'i
amendoim (m)	მიწის თხილი	mits'is tkhili
amêndoa (f)	ნუში	nushi
noz (f)	კაკალი	k'ak'ali
avelã (f)	თხილი	tkhili
coco (m)	ქოქოსის კაკალი	kokosis k'ak'ali
pistáchios (m pl)	ფსტა	pst'a

39. Pão. Bolaria

pastelaria (f)	საკონდიტრო ნაწარმი	sak'ondit'ro nats'armi
pão (m)	პური	p'uri
bolacha (f)	ნამცხვარი	namtskhvari
chocolate (m)	შოკოლადი	shok'oladi
de chocolate	შოკოლადისა	shok'oladisa
rebuçado (m)	კანფეტი	k'anpet'i
bolo (cupcake, etc.)	ტკბილღვეზელა	t'k'bilghvezela
bolo (m) de aniversário	ტორტი	t'ort'i
tarte (~ de maçã)	ღვეზელი	ghvezeli
recheio (m)	შიგთავსი	shigtavsi
doce (m)	მურაბა	muraba
geleia (f) de frutas	მარმელადი	marmeladi
waffle (m)	ვაფლი	vapli
gelado (m)	ნაყინი	naqini
pudim (m)	პუდინგი	p'udingi

40. Pratos cozinhados

prato (m)	კერძი	k'erdzi
cozinha (~ portuguesa)	სამზარეულო	samzareulo
receita (f)	რეცეპტი	retsep't'i
porção (f)	ულუფა	ulupa
salada (f)	სალათი	salati
sopa (f)	წვნიანი	ts'vniani
caldo (m)	ბულიონი	bulioni
sandes (f)	ბუტერბროდი	but'erbrodi

ovos (m pl) estrelados	ერბო-კვერცხი	erbo-k'vertskhi
hambúrguer (m)	ჰამბურგერი	hamburgeri
bife (m)	ბივშტექსი	bivsht'eksi
conduto (m)	გარნირი	garniri
espaguete (m)	სპაგეტი	sp'aget'i
puré (m) de batata	კარტოფილის პიურე	k'art'opilis p'iure
pizza (f)	პიცა	p'itsa
papa (f)	ფაფა	papa
omelete (f)	ომლეტი	omlet'i
cozido em água	მოხარშული	mokharshuli
fumado	შებოლილი	shebolili
frito	შემწვარი	shemts'vari
seco	გამხმარი	gamkhmari
congelado	გაყინული	gaqinuli
em conserva	მარინადში ჩადებული	marinadshi chadebuli
doce (açucarado)	ტკბილი	t'k'bili
salgado	მლაშე	mlashe
frio	ცივი	tsivi
quente	ცხელი	tskheli
amargo	მწარე	mts'are
gostoso	გემრიელი	gemrieli
cozinhar (em água a ferver)	ხარშვა	kharshva
fazer, preparar (vt)	მზადება	mzadeba
fritar (vt)	შეწვა	shets'va
aquecer (vt)	გაცხელება	gatskheleba
salgar (vt)	მარილის მოყრა	marilis moqra
apimentar (vt)	პილპილის მოყრა	p'ilp'ilis moqra
ralar (vt)	გახეხვა	gakhekhva
casca (f)	ქერქი	kerki
descascar (vt)	ფცქვნა	ptskvna

41. Especiarias

sal (m)	მარილი	marili
salgado	მლაშე	mlashe
salgar (vt)	მარილის მოყრა	marilis moqra
pimenta (f) preta	პილპილი	p'ilp'ili
pimenta (f) vermelha	წიწაკა	ts'its'ak'a
mostarda (f)	მდოგვი	mdogvi
raiz-forte (f)	პირშუშხა	p'irshushkha
condimento (m)	სანელებელი	sanelebeli
especiaria (f)	სუნელი	suneli
molho (m)	სოუსი	sousi
vinagre (m)	ძმარი	dzmari
anis (m)	ანისული	anisuli
manjericão (m)	რეჰანი	rehani

cravo (m)	მიხაკი	mikhak'i
gengibre (m)	კოჭა	k'och'a
coentro (m)	ქინძი	kindzi
canela (f)	დარიჩინი	darichini
sésamo (m)	ქუნჟუტი	kunzhut'i
folhas (f pl) de louro	დაფნის ფოთოლი	dapnis potoli
páprica (f)	წიწაკა	ts'its'ak'a
cominho (m)	კვლიავი	k'vliavi
açafrão (m)	ზაფრანა	zaprana

42. Refeições

comida (f)	საჭმელი	sach'meli
comer (vt)	ჭამა	ch'ama
pequeno-almoço (m)	საუზმე	sauzme
tomar o pequeno-almoço	საუზმობა	sauzmoba
almoço (m)	სადილი	sadili
almoçar (vi)	სადილობა	sadiloba
jantar (m)	ვახშამი	vakhshami
jantar (vi)	ვახშმობა	vakhshmoba
apetite (m)	მადა	mada
Bom apetite!	გაამოთ!	gaamot!
abrir (~ uma lata, etc.)	გახსნა	gakhsna
derramar (vt)	დაღვრა	daghvra
derramar-se (vr)	დაღვრა	daghvra
ferver (vi)	დუღილი	dughili
ferver (vt)	ადუღება	adugheba
fervido	ნადუღი	nadughi
arrefecer (vt)	გაგრილება	gagrileba
arrefecer-se (vr)	გაგრილება	gagrileba
sabor, gosto (m)	გემო	gemo
gostinho (m)	გემო	gemo
fazer dieta	გახდომა	gakhdoma
dieta (f)	დიეტა	diet'a
vitamina (f)	ვიტამინი	vit'amini
caloria (f)	კალორია	k'aloria
vegetariano (m)	ვეგეტარიანელი	veget'arianeli
vegetariano	ვეგეტარიანული	veget'arianuli
gorduras (f pl)	ცხიმები	tskhimebi
proteínas (f pl)	ცილები	tsilebi
carboidratos (m pl)	ნახშირწყლები	nakhshirts'qlebi
fatia (~ de limão, etc.)	ნაჭერი	nach'eri
pedaço (~ de bolo)	ნაჭერი	nach'eri
migalha (f)	ნამცეცი	namtsetsi

43. Por a mesa

colher (f)	კოვზი	k'ovzi
faca (f)	დანა	dana
garfo (m)	ჩანგალი	changali
chávena (f)	ფინჯანი	pinjani
prato (m)	თეფში	tepshi
pires (m)	ლამბაქი	lambaki
guardanapo (m)	ხელსახოცი	khelsakhotsi
palito (m)	კბილსაჩიჩქნი	k'bilsachichkni

44. Restaurante

restaurante (m)	რესტორანი	rest'orani
café (m)	ყავახანა	qavakhana
bar (m), cervejaria (f)	ბარი	bari
salão (m) de chá	ჩაის სალონი	chais saloni
empregado (m) de mesa	ოფიციანტი	opitsiant'i
empregada (f) de mesa	ოფიციანტი	opitsiant'i
barman (m)	ბარმენი	barmeni
ementa (f)	მენიუ	meniu
lista (f) de vinhos	ღვინის ბარათი	ghvinis barati
reservar uma mesa	მაგიდის დაჯავშნა	magidis dajavshna
prato (m)	კერძი	k'erdzi
pedir (vt)	შეკვეთა	shek'veta
fazer o pedido	შეკვეთის გაკეთება	shek'vetis gak'eteba
aperitivo (m)	აპერიტივი	ap'erit'ivi
entrada (f)	საუზმეული	sauzmeuli
sobremesa (f)	დესერტი	desert'i
conta (f)	ანგარიში	angarishi
pagar a conta	ანგარიშის გადახდა	angarishis gadakhda
dar o troco	ხურდის მიცემა	khurdis mitsema
gorjeta (f)	გასამრჯელო	gasamrjelo

Família, parentes e amigos

45. Informação pessoal. Formulários

nome (m)	სახელი	sakheli
apelido (m)	გვარი	gvari
data (f) de nascimento	დაბადების თარიღი	dabadebis tarighi
local (m) de nascimento	დაბადების ადგილი	dabadebis adgili
nacionalidade (f)	ეროვნება	erovneba
lugar (m) de residência	საცხოვრებელი ადგილი	satskhovrebeli adgili
país (m)	ქვეყანა	kveqana
profissão (f)	პროფესია	p'ropesia
sexo (m)	სქესი	skesi
estatura (f)	სიმაღლე	simaghle
peso (m)	წონა	ts'ona

46. Membros da família. Parentes

mãe (f)	დედა	deda
pai (m)	მამა	mama
filho (m)	ვაჟიშვილი	vazhishvili
filha (f)	ქალიშვილი	kalishvili
filha (f) mais nova	უმცროსი ქალიშვილი	umtsrosi kalishvili
filho (m) mais novo	უმცროსი ვაჟიშვილი	umtsrosi vazhishvili
filha (f) mais velha	უფროსი ქალიშვილი	uprosi kalishvili
filho (m) mais velho	უფროსი ვაჟიშვილი	uprosi vazhishvili
irmão (m)	ძმა	dzma
irmã (f)	და	da
mamã (f)	დედა	deda
papá (m)	მამა	mama
pais (pl)	მშობლები	mshoblebi
criança (f)	შვილი	shvili
crianças (f pl)	შვილები	shvilebi
avó (f)	ბებია	bebia
avô (m)	პაპა	p'ap'a
neto (m)	შვილიშვილი	shvilishvili
neta (f)	შვილიშვილი	shvilishvili
netos (pl)	შვილიშვილები	shvilishvilebi
tio (m)	ბიძა	bidza
sogra (f)	სიდედრი	sidedri
sogro (m)	მამამთილი	mamamtili

genro (m)	სიძე	sidze
madrasta (f)	დედინაცვალი	dedinatsvali
padrasto (m)	მამინაცვალი	maminatsvali
criança (f) de colo	ძუძუმწოვარა ბავშვი	dzudzumts'ovara bavshvi
bebé (m)	ჩვილი	chvili
menino (m)	ბიჭუნა	bich'una
mulher (f)	ცოლი	tsoli
marido (m)	ქმარი	kmari
esposo (m)	მეუღლე	meughle
esposa (f)	მეუღლე	meughle
casado	ცოლიანი	tsoliani
casada	გათხოვილი	gatkhovili
solteiro	უცოლშვილო	utsolshvilo
solteirão (m)	უცოლშვილო	utsolshvilo
divorciado	განქორწინებული	gankorts'inebuli
viúva (f)	ქვრივი	kvrivi
viúvo (m)	ქვრივი	kvrivi
parente (m)	ნათესავი	natesavi
parente (m) próximo	ახლო ნათესავი	akhlo natesavi
parente (m) distante	შორეული ნათესავი	shoreuli natesavi
parentes (m pl)	ნათესავები	natesavebi
órfão (m), órfã (f)	ობოლი	oboli
tutor (m)	მეურვე	meurve
adotar (um filho)	შვილად აყვანა	shvilad aqvana
adotar (uma filha)	შვილად აყვანა	shvilad aqvana

Medicina

47. Doenças

doença (f)	ავადმყოფობა	avadmqopoba
estar doente	ავადმყოფობა	avadmqopoba
saúde (f)	ჯანმრთელობა	janmrteloba

nariz (m) a escorrer	სურდო	surdo
amigdalite (f)	ანგინა	angina
constipação (f)	გაციება	gatsiveba
constipar-se (vr)	გაციება	gatsiveba

bronquite (f)	ბრონქიტი	bronkit'i
pneumonia (f)	ფილტვების ანთება	pilt'vebis anteba
gripe (f)	გრიპი	grip'i

míope	ახლომხედველი	akhlomkhedveli
presbita	შორსმხედველი	shorsmkhedveli
estrabismo (m)	სიელმე	sielme
estrábico	ელამი	elami
catarata (f)	კატარაქტა	k'at'arakt'a
glaucoma (m)	გლაუკომა	glauk'oma

AVC (m), apoplexia (f)	ინსულტი	insult'i
ataque (m) cardíaco	ინფარქტი	inparkt'i
enfarte (m) do miocárdio	მიოკარდის ინფარქტი	miok'ardis inparkt'i
paralisia (f)	დამბლა	dambla
paralisar (vt)	დამბლის დაცემა	damblis datsema

alergia (f)	ალერგია	alergia
asma (f)	ასთმა	astma
diabetes (f)	დიაბეტი	diabet'i

dor (f) de dentes	კბილის ტკივილი	k'bilis t'k'ivili
cárie (f)	კარიესი	k'ariesi

diarreia (f)	დიარეა	diarea
prisão (f) de ventre	კუჭში შეკრულობა	k'uch'shi shek'ruloba
desarranjo (m) intestinal	კუჭის აშლილობა	k'uch'is ashliloba
intoxicação (f) alimentar	მოწამვლა	mots'amvla
intoxicar-se	მოწამვლა	mots'amvla

artrite (f)	ართრიტი	artrit'i
raquitismo (m)	რაქიტი	rakit'i
reumatismo (m)	რევმატიზმი	revmat'izmi
arteriosclerose (f)	ათეროსკლეროზი	aterosk'lerozi

gastrite (f)	გასტრიტი	gast'rit'i
apendicite (f)	აპენდიციტი	ap'enditsit'i

colecistite (f)	ქოლეცისტიტი	koletsist'it'i
úlcera (f)	წყლული	ts'qluli

sarampo (m)	წითელა	ts'itela
rubéola (f)	წითურა	ts'itura
iterícia (f)	სიყვითლე	siqvitle
hepatite (f)	ჰეპატიტი	hep'at'it'i

esquizofrenia (f)	შიზოფრენია	shizoprenia
raiva (f)	ცოფი	tsopi
neurose (f)	ნევროზი	nevrozi
comoção (f) cerebral	ტვინის შერყევა	t'vinis sherqeva

cancro (m)	კიბო	k'ibo
esclerose (f)	სკლეროზი	sk'lerozi
esclerose (f) múltipla	გაფანტული სკლეროზი	gapant'uli sk'lerozi

alcoolismo (m)	ალკოჰოლიზმი	alk'oholizmi
alcoólico (m)	ალკოჰოლიკი	alk'oholik'i
sífilis (f)	სიფილისი	sipilisi
SIDA (f)	შიდსი	shidsi

tumor (m)	სიმსივნე	simsivne
febre (f)	ციება	tsieba
malária (f)	მალარია	malaria
gangrena (f)	განგრენა	gangrena
enjoo (m)	ზღვის ავადმყოფობა	zghvis avadmqopoba
epilepsia (f)	ეპილეფსია	ep'ilepsia

epidemia (f)	ეპიდემია	ep'idemia
tifo (m)	ტიფი	t'ipi
tuberculose (f)	ტუბერკულოზი	t'uberk'ulozi
cólera (f)	ქოლერა	kolera
peste (f)	შავი ჭირი	shavi ch'iri

48. Sintomas. Tratamentos. Parte 1

sintoma (m)	სიმპტომი	simp't'omi
temperatura (f)	სიცხე	sitskhe
febre (f)	მაღალი სიცხე	maghali sitskhe
pulso (m)	პულსი	p'ulsi

vertigem (f)	თავბრუსხვევა	tavbruskhveva
quente (testa, etc.)	ცხელი	tskheli
calafrio (m)	შეციება	shetsieba
pálido	ფერმიხდილი	permikhdili

tosse (f)	ხველა	khvela
tossir (vi)	ხველება	khveleba
espirrar (vi)	ცხვირის ცემინება	tskhviris tsemineba
desmaio (m)	გულის წასვლა	gulis ts'asvla
desmaiar (vi)	გულის წასვლა	gulis ts'asvla
nódoa (f) negra	ლები	lebi
galo (m)	კოპი	k'op'i

magoar-se (vr)	დაჯახება	dajakheba
pisadura (f)	დაჟეჟილობა	dazhezhiloba
aleijar-se (vr)	დაჟეჟვა	dazhezhva

coxear (vi)	კოჭლობა	k'och'loba
deslocação (f)	ღრძობა	ghrdzoba
deslocar (vt)	ღრძობა	ghrdzoba
fratura (f)	მოტეხილობა	mot'ekhiloba
fraturar (vt)	მოტეხა	mot'ekha

corte (m)	ჭრილობა	ch'riloba
cortar-se (vr)	გაჭრა	gach'ra
hemorragia (f)	სისხლდენა	siskhldena

queimadura (f)	დამწვრობა	damts'vroba
queimar-se (vr)	დაწვა	dats'va

picar (vt)	ჩხვლეტა	chkhvlet'a
picar-se (vr)	ჩხვლეტა	chkhvlet'a
lesionar (vt)	დაზიანება	dazianeba
lesão (m)	დაზიანება	dazianeba
ferida (f), ferimento (m)	ჭრილობა	ch'riloba
trauma (m)	ტრავმა	t'ravma

delirar (vi)	ბოდვა	bodva
gaguejar (vi)	ბორძიკით ლაპარაკი	bordzik'it lap'arak'i
insolação (f)	მზის დაკვრა	mzis dak'vra

49. Sintomas. Tratamentos. Parte 2

dor (f)	ტკივილი	t'k'ivili
farpa (no dedo)	ხიწვი	khits'vi

suor (m)	ოფლი	opli
suar (vi)	გაოფლიანება	gaoplianeba
vómito (m)	პირღებინება	p'irghebineba
convulsões (f pl)	კრუნჩხვები	k'runchkhvebi

grávida	ორსული	orsuli
nascer (vi)	დაბადება	dabadeba
parto (m)	მშობიარობა	mshobiaroba
dar à luz	გაჩენა	gachena
aborto (m)	აბორტი	abort'i

respiração (f)	სუნთქვა	suntkva
inspiração (f)	შესუნთქვა	shesuntkva
expiração (f)	ამოსუნთქვა	amosuntkva
expirar (vi)	ამოსუნთქვა	amosuntkva
inspirar (vi)	შესუნთქვა	shesuntkva

inválido (m)	ინვალიდი	invalidi
aleijado (m)	ხეიბარი	kheibari
toxicodependente (m)	ნარკომანი	nark'omani
surdo	ყრუ	qru

mudo	მუნჯი	munji
surdo-mudo	ყრუ-მუნჯი	qru-munji
louco (adj.)	გიჟი	gizhi
louco (m)	გიჟი	gizhi
louca (f)	გიჟი	gizhi
ficar louco	ჭკუაზე შეშლა	ch'k'uaze sheshla
gene (m)	გენი	geni
imunidade (f)	იმუნიტეტი	imunit'et'i
hereditário	მემკვიდრეობითი	memk'vidreobiti
congénito	თანდაყოლილი	tandaqolili
vírus (m)	ვირუსი	virusi
micróbio (m)	მიკრობი	mik'robi
bactéria (f)	ბაქტერია	bakt'eria
infeção (f)	ინფექცია	inpektsia

50. Sintomas. Tratamentos. Parte 3

hospital (m)	საავადმყოფო	saavadmqopo
paciente (m)	პაციენტი	p'atsient'i
diagnóstico (m)	დიაგნოზი	diagnozi
cura (f)	მკურნალობა	mk'urnaloba
curar-se (vr)	მკურნალობა	mk'urnaloba
tratar (vt)	მკურნალობა	mk'urnaloba
cuidar (pessoa)	მოვლა	movla
cuidados (m pl)	მოვლა	movla
operação (f)	ოპერაცია	op'eratsia
enfaixar (vt)	შეხვევა	shekhveva
enfaixamento (m)	სახვევი	sakhvevi
vacinação (f)	აცრა	atsra
vacinar (vt)	აცრის გაკეთება	atsris gak'eteba
injeção (f)	ნემსი	nemsi
dar uma injeção	ნემსის გაკეთება	nemsis gak'eteba
ataque (~ de asma, etc.)	შეტევა	shet'eva
amputação (f)	ამპუტაცია	amp'ut'atsia
amputar (vt)	ამპუტირება	amp'ut'ireba
coma (f)	კომა	k'oma
estar em coma	კომაში ყოფნა	k'omashi qopna
reanimação (f)	რეანიმაცია	reanimatsia
recuperar-se (vr)	გამოჯანმრთელება	gamojanmrteleba
estado (~ de saúde)	მდგომარეობა	mdgomareoba
consciência (f)	ცნობიერება	tsnobiereba
memória (f)	მეხსიერება	mekhsiereba
tirar (vt)	ამოღება	amogheba
chumbo (m), obturação (f)	ბჟენი	bzheni
chumbar, obturar (vt)	დაბჟენა	dabzhena

hipnose (f)	ჰიპნოზი	hip'nozi
hipnotizar (vt)	ჰიპნოტიზირება	hip'not'izireba

51. Médicos

médico (m)	ექიმი	ekimi
enfermeira (f)	მედდა	medda
médico (m) pessoal	პირადი ექიმი	p'iradi ekimi
dentista (m)	დანტისტი	dant'ist'i
oculista (m)	ოკულისტი	ok'ulist'i
terapeuta (m)	თერაპევტი	terap'evt'i
cirurgião (m)	ქირურგი	kirurgi
psiquiatra (m)	ფსიქიატრი	psikiat'ri
pediatra (m)	პედიატრი	p'ediat'ri
psicólogo (m)	ფსიქოლოგი	psikologi
ginecologista (m)	გინეკოლოგი	ginek'ologi
cardiologista (m)	კარდიოლოგი	k'ardiologi

52. Medicina. Drogas. Acessórios

medicamento (m)	წამალი	ts'amali
remédio (m)	საშუალება	sashualeba
receitar (vt)	გამოწერა	gamots'era
receita (f)	რეცეპტი	retsep't'i
comprimido (m)	აბი	abi
pomada (f)	მალამო	malamo
ampola (f)	ამპულა	amp'ula
preparado (m)	მიქსტურა	mikst'ura
xarope (m)	სიროფი	siropi
cápsula (f)	აბი	abi
remédio (m) em pó	ფხვნილი	pkhvnili
ligadura (f)	ბინტი	bint'i
algodão (m)	ბამბა	bamba
iodo (m)	იოდი	iodi
penso (m) rápido	ლეიკოპლასტირი	leik'op'last'iri
conta-gotas (m)	პიპეტი	p'ip'et'i
termómetro (m)	სიცხის საზომი	sitskhis sazomi
seringa (f)	შპრიცი	shp'ritsi
cadeira (f) de rodas	ეტლი	et'li
muletas (f pl)	ყავარჯნები	qavarjnebi
analgésico (m)	ტკივილგამაყუჩებელი	t'k'ivilgamaquchebeli
laxante (m)	სასაქმებელი	sasakmebeli
álcool (m) etílico	სპირტი	sp'irt'i
ervas (f pl) medicinais	ბალახი	balakhi
de ervas (chá ~)	ბალახისა	balakhisa

HABITAT HUMANO

Cidade

53. Cidade. Vida na cidade

cidade (f)	ქალაქი	kalaki
capital (f)	დედაქალაქი	dedakalaki
aldeia (f)	სოფელი	sopeli
mapa (m) da cidade	ქალაქის გეგმა	kalakis gegma
centro (m) da cidade	ქალაქის ცენტრი	kalakis tsent'ri
subúrbio (m)	გარეუბანი	gareubani
suburbano	გარეუბნისა	gareubnisa
periferia (f)	გარეუბანი	gareubani
arredores (m pl)	მიდამოები	midamoebi
quarteirão (m)	კვარტალი	k'vart'ali
quarteirão (m) residencial	საცხოვრებელი კვარტალი	satskhovrebeli k'vart'ali
tráfego (m)	ქუჩაში მოძრაობა	kuchashi modzraoba
semáforo (m)	შუქნიშანი	shuknishani
transporte (m) público	ქალაქის ტრანსპორტი	kalakis t'ransp'ort'i
cruzamento (m)	გზაჯვარედინი	gzajvaredini
passadeira (f)	საქვეითო გადასასვლელი	sakveito gadasasvleli
passagem (f) subterrânea	მიწისქვეშა გადასასვლელი	mits'iskvesha gadasasvleli
cruzar, atravessar (vt)	გადასვლა	gadasvla
peão (m)	ფეხით მოსიარულე	pekhit mosiarule
passeio (m)	ტროტუარი	t'rot'uari
ponte (f)	ხიდი	khidi
margem (f) do rio	სანაპირო	sanap'iro
alameda (f)	ხეივანი	kheivani
parque (m)	პარკი	p'ark'i
bulevar (m)	ბულვარი	bulvari
praça (f)	მოედანი	moedani
avenida (f)	გამზირი	gamziri
rua (f)	ქუჩა	kucha
travessa (f)	შესახვევი	shesakhvevi
beco (m) sem saída	ჩიხი	chikhi
casa (f)	სახლი	sakhli
edifício, prédio (m)	შენობა	shenoba
arranha-céus (m)	ცათამბჯენი	tsatambjeni
fachada (f)	ფასადი	pasadi
telhado (m)	სახურავი	sakhuravi

janela (f)	ფანჯარა	panjara
arco (m)	თაღი	taghi
coluna (f)	სვეტი	svet'i
esquina (f)	კუთხე	k'utkhe
montra (f)	ვიტრინა	vit'rina
letreiro (m)	აბრა	abra
cartaz (m)	აფიშა	apisha
cartaz (m) publicitário	სარეკლამო პლაკატი	sarek'lamo p'lak'at'i
painel (m) publicitário	სარეკლამო ფარი	sarek'lamo pari
lixo (m)	ნაგავი	nagavi
cesta (f) do lixo	ურნა	urna
jogar lixo na rua	მონაგვიანება	monagvianeba
aterro (m) sanitário	ნაგავსაყრელი	nagavsaqreli
cabine (f) telefónica	სატელეფონო ჯიხური	sat'elepono jikhuri
candeeiro (m) de rua	ფარნის ბოძი	parnis bodzi
banco (m)	სკამი	sk'ami
polícia (m)	პოლიციელი	p'olitsieli
polícia (instituição)	პოლიცია	p'olitsia
mendigo (m)	მათხოვარი	matkhovari
sem-abrigo (m)	უსახლკარო	usakhlk'aro

54. Instituições urbanas

loja (f)	მაღაზია	maghazia
farmácia (f)	აფთიაქი	aptiaki
ótica (f)	ოპტიკა	op't'ik'a
centro (m) comercial	სავაჭრო ცენტრი	savach'ro tsent'ri
supermercado (m)	სუპერმარკეტი	sup'ermark'et'i
padaria (f)	საფუნთუშე	sapuntushe
padeiro (m)	მცხობელი	mtskhobeli
pastelaria (f)	საკონდიტრო	sak'ondit'ro
mercearia (f)	საბაყლო	sabaqlo
talho (m)	საყასბე	saqasbe
loja (f) de legumes	ბოსტნეულის დუქანი	bost'neulis dukani
mercado (m)	ბაზარი	bazari
café (m)	ყავახანა	qavakhana
restaurante (m)	რესტორანი	rest'orani
bar (m), cervejaria (f)	ლუდხანა	ludkhana
pizzaria (f)	პიცერია	p'itseria
salão (m) de cabeleireiro	საპარიკმახერო	sap'arik'makhero
correios (m pl)	ფოსტა	post'a
lavandaria (f)	ქიმწმენდა	kimts'menda
estúdio (m) fotográfico	ფოტოატელიე	pot'oat'elie
sapataria (f)	ფეხსაცმლის მაღაზია	pekhsatsmlis maghazia
livraria (f)	წიგნების მაღაზია	ts'ignebis maghazia

loja (f) de artigos de desporto	სპორტული მაღაზია	sp'ort'uli maghazia
reparação (f) de roupa	ტანსაცმლის შეკეთება	t'ansatsmlis shek'eteba
aluguer (m) de roupa	ტანსაცმლის გაქირავება	t'ansatsmlis gakiraveba
aluguer (m) de filmes	ფილმების გაქირავება	pilmebis gakiraveba
circo (m)	ცირკი	tsirk'i
jardim (m) zoológico	ზოოპარკი	zoop'ark'i
cinema (m)	კინოთეატრი	k'inoteat'ri
museu (m)	მუზეუმი	muzeumi
biblioteca (f)	ბიბლიოთეკა	bibliotek'a
teatro (m)	თეატრი	teat'ri
ópera (f)	ოპერა	op'era
clube (m) noturno	ღამის კლუბი	ghamis k'lubi
casino (m)	სამორინე	samorine
mesquita (f)	მეჩეთი	mecheti
sinagoga (f)	სინაგოგა	sinagoga
catedral (f)	ტაძარი	t'adzari
templo (m)	ტაძარი	t'adzari
igreja (f)	ეკლესია	ek'lesia
instituto (m)	ინსტიტუტი	inst'it'ut'i
universidade (f)	უნივერსიტეტი	universit'et'i
escola (f)	სკოლა	sk'ola
prefeitura (f)	პრეფექტურა	p'repekt'ura
câmara (f) municipal	მერია	meria
hotel (m)	სასტუმრო	sast'umro
banco (m)	ბანკი	bank'i
embaixada (f)	საელჩო	saelcho
agência (f) de viagens	ტურისტული სააგენტო	t'urist'uli saagent'o
agência (f) de informações	ცნობათა ბიურო	tsnobata biuro
casa (f) de câmbio	გაცვლითი პუნქტი	gatsvliti p'unkt'i
metro (m)	მეტრო	met'ro
hospital (m)	საავადმყოფო	saavadmqopo
posto (m) de gasolina	ბენზინგასამართი სადგური	benzingasamarti sadguri
parque (m) de estacionamento	ავტოსადგომი	avt'osadgomi

55. Sinais

letreiro (m)	აბრა	abra
inscrição (f)	წარწერა	ts'arts'era
cartaz, póster (m)	პლაკატი	p'lak'at'i
sinal (m) informativo	მაჩვენებელი	machvenebeli
seta (f)	ისარი	isari
aviso (advertência)	გაფრთხილება	gaprtkhileba
sinal (m) de aviso	გაფრთხილება	gaprtkhileba
avisar, advertir (vt)	გაფრთხილება	gaprtkhileba
dia (m) de folga	დასვენების დღე	dasvenebis dghe

horário (m)	განრიგი	ganrigi
horário (m) de funcionamento	სამუშაო საათები	samushao saatebi
BEM-VINDOS!	კეთილი იყოს თქვენი მობრძანება!	k'etili iqos tkveni mobrdzaneba!
ENTRADA	შესასვლელი	shesasvleli
SAÍDA	გასასვლელი	gasasvleli
EMPURRE	თქვენგან	tkvengan
PUXE	თქვენსკენ	tkvensk'en
ABERTO	ღიაა	ghiaa
FECHADO	დაკეტილია	dak'et'ilia
MULHER	ქალებისათვის	kalebisatvis
HOMEM	კაცებისათვის	k'atsebisatvis
DESCONTOS	ფასდაკლებები	pasdak'lebebi
SALDOS	გაყიდვა	gaqidva
NOVIDADE!	სიახლე!	siakhle!
GRÁTIS	უფასოდ	upasod
ATENÇÃO!	ყურადღება!	quradgheba!
NÃO HÁ VAGAS	ადგილები არ არის	adgilebi ar aris
RESERVADO	დარეზერვირებულია	darezervirebulia
ADMINISTRAÇÃO	ადმინისტრაცია	administ'ratsia
SOMENTE PESSOAL AUTORIZADO	მხოლოდ პერსონალისათვის	mkholod p'ersonalisatvis
CUIDADO CÃO FEROZ	ავი ძაღლი	avi dzaghli
PROIBIDO FUMAR!	ნუ მოსწევთ!	nu mosts'evt!
NÃO TOCAR	ხელით ნუ შეეხებით!	khelit nu sheekhebit!
PERIGOSO	საშიშია	sashishia
PERIGO	საფრთხე	saprtkhe
ALTA TENSÃO	მაღალი ძაბვა	maghali dzabva
PROIBIDO NADAR	ბანაობა აკრძალულია	banaoba ak'rdzalulia
AVARIADO	არ მუშაობს	ar mushaobs
INFLAMÁVEL	ცეცხლსაშიშია	tsetskhlsashishia
PROIBIDO	აკრძალულია	ak'rdzalulia
ENTRADA PROIBIDA	გასვლა აკრძალულია	gasvla ak'rdzalulia
CUIDADO TINTA FRESCA	შეღებილია	sheghebilia

56. Transportes urbanos

autocarro (m)	ავტობუსი	avt'obusi
elétrico (m)	ტრამვაი	t'ramvai
troleicarro (m)	ტროლეიბუსი	t'roleibusi
itinerário (m)	მარშრუტი	marshrut'i
número (m)	ნომერი	nomeri
ir de ... (carro, etc.)	მგზავრობა	mgzavroba
entrar (~ no autocarro)	ჩაჯდომა	chajdoma

descer de ...	ჩამოსვლა	chamosvla
paragem (f)	გაჩერება	gachereba
próxima paragem (f)	შემდეგი გაჩერება	shemdegi gachereba
ponto (m) final	ბოლო გაჩერება	bolo gachereba
horário (m)	განრიგი	ganrigi
esperar (vt)	ლოდინი	lodini
bilhete (m)	ბილეთი	bileti
custo (m) do bilhete	ბილეთის ღირებულება	biletis ghirebuleba
bilheteiro (m)	მოლარე	molare
controlo (m) dos bilhetes	კონტროლი	k'ont'roli
revisor (m)	კონტროლიორი	k'ont'roliori
atrasar-se (vr)	დაგვიანება	dagvianeba
perder (o autocarro, etc.)	დაგვიანება	dagvianeba
estar com pressa	აჩქარება	achkareba
táxi (m)	ტაქსი	t'aksi
taxista (m)	ტაქსისტი	t'aksist'i
de táxi (ir ~)	ტაქსით	t'aksit
praça (f) de táxis	ტაქსის სადგომი	t'aksis sadgomi
chamar um táxi	ტაქსის გამოძახება	t'aksis gamodzakheba
apanhar um táxi	ტაქსის აყვანა	t'aksis aqvana
tráfego (m)	ქუჩაში მოძრაობა	kuchashi modzraoba
engarrafamento (m)	საცობი	satsobi
horas (f pl) de ponta	პიკის საათები	p'ik'is saatebi
estacionar (vi)	პარკირება	p'ark'ireba
estacionar (vt)	პარკირება	p'ark'ireba
parque (m) de estacionamento	სადგომი	sadgomi
metro (m)	მეტრო	met'ro
estação (f)	სადგური	sadguri
ir de metro	მეტროთი მგზავრობა	met'roti mgzavroba
comboio (m)	მატარებელი	mat'arebeli
estação (f)	ვაგზალი	vagzali

57. Turismo

monumento (m)	ძეგლი	dzegli
fortaleza (f)	ციხე-სიმაგრე	tsikhe-simagre
palácio (m)	სასახლე	sasakhle
castelo (m)	ციხე-დარბაზი	tsikhe-darbazi
torre (f)	კოშკი	k'oshk'i
mausoléu (m)	მავზოლეუმი	mavzoleumi
arquitetura (f)	არქიტექტურა	arkit'ekt'ura
medieval	შუა საუკუნეებისა	shua sauk'uneebisa
antigo	ძველებური	dzveleburi
nacional	ეროვნული	erovnuli
conhecido	ცნობილი	tsnobili
turista (m)	ტურისტი	t'urist'i
guia (pessoa)	გიდი	gidi

excursão (f)	ექსკურსია	eksk'ursia
mostrar (vt)	ჩვენება	chveneba
contar (vt)	მოთხრობა	motkhroba

encontrar (vt)	პოვნა	p'ovna
perder-se (vr)	დაკარგვა	dak'argva
mapa (~ do metrô)	სქემა	skema
mapa (~ da cidade)	გეგმა	gegma

lembrança (f), presente (m)	სუვენირი	suveniri
loja (f) de presentes	სუვენირების მაღაზია	suvenirebis maghazia
fotografar (vt)	სურათის გადაღება	suratis gadagheba
fotografar-se	სურათის გადაღება	suratis gadagheba

58. Compras

comprar (vt)	ყიდვა	qidva
compra (f)	ნაყიდი	naqidi
compras (f pl)	შოპინგი	shop'ingi

estar aberta (loja, etc.)	მუშაობა	mushaoba
estar fechada	დაკეტვა	dak'et'va

calçado (m)	ფეხსაცმელი	pekhsatsmeli
roupa (f)	ტანსაცმელი	t'ansatsmeli
cosméticos (m pl)	კოსმეტიკა	k'osmet'ik'a
alimentos (m pl)	პროდუქტები	p'rodukt'ebi
presente (m)	საჩუქარი	sachukari

vendedor (m)	გამყიდველი	gamqidveli
vendedora (f)	გამყიდველი	gamqidveli

caixa (f)	სალარო	salaro
espelho (m)	სარკე	sark'e
balcão (m)	დახლი	dakhli
cabine (f) de provas	მოსაზომი ოთახი	mosazomi otakhi

provar (vt)	მოზომება	mozomeba
servir (vi)	მორგება	morgeba
gostar (apreciar)	მოწონება	mots'oneba

preço (m)	ფასი	pasi
etiqueta (f) de preço	საფასარი	sapasari
custar (vt)	ღირება	ghireba
Quanto?	რამდენი?	ramdeni?
desconto (m)	ფასდაკლება	pasdak'leba

não caro	საკმაოდ იაფი	sak'maod iapi
barato	იაფი	iapi
caro	ძვირი	dzviri
É caro	ეს ძვირია	es dzviria

aluguer (m)	გაქირავება	gakiraveba
alugar (vestidos, etc.)	ქირით აღება	kirit agheba

crédito (m)	კრედიტი	k'redit'i
a crédito	სესხად	seskhad

59. Dinheiro

dinheiro (m)	ფული	puli
câmbio (m)	გაცვლა	gatsvla
taxa (f) de câmbio	კურსი	k'ursi
Caixa Multibanco (m)	ბანკომატი	bank'omat'i
moeda (f)	მონეტა	monet'a
dólar (m)	დოლარი	dolari
euro (m)	ევრო	evro
lira (f)	ლირა	lira
marco (m)	მარკა	mark'a
franco (m)	ფრანკი	prank'i
libra (f) esterlina	გირვანქა სტერლინგი	girvanka st'erlingi
iene (m)	იენა	iena
dívida (f)	ვალი	vali
devedor (m)	მოვალე	movale
emprestar (vt)	ნისიად მიცემა	nisiad mitsema
pedir emprestado	ნისიად აღება	nisiad agheba
banco (m)	ბანკი	bank'i
conta (f)	ანგარიში	angarishi
depositar na conta	ანგარიშზე დადება	angarishze dadeba
levantar (vt)	ანგარიშიდან მოხსნა	angarishidan mokhsna
cartão (m) de crédito	საკრედიტო ბარათი	sak'redit'o barati
dinheiro (m) vivo	ნაღდი ფული	naghdi puli
cheque (m)	ჩეკი	chek'i
passar um cheque	ჩეკის გამოწერა	chek'is gamots'era
livro (m) de cheques	ჩეკების წიგნაკი	chek'ebis ts'ignak'i
carteira (f)	საფულე	sapule
porta-moedas (m)	საფულე	sapule
cofre (m)	სეიფი	seipi
herdeiro (m)	მემკვიდრე	memk'vidre
herança (f)	მემკვიდრეობა	memk'vidreoba
fortuna (riqueza)	ქონება	koneba
arrendamento (m)	იჯარა	ijara
renda (f) de casa	ბინის ქირა	binis kira
alugar (vt)	დაქირავება	dakiraveba
preço (m)	ფასი	pasi
custo (m)	ღირებულება	ghirebuleba
soma (f)	თანხა	tankha
gastar (vt)	ხარჯვა	kharjva
gastos (m pl)	ხარჯები	kharjebi

economizar (vi)	დაზოგვა	dazogva
económico	მომჭირნე	momch'irne

pagar (vt)	გადახდა	gadakhda
pagamento (m)	საზღაური	sazghauri
troco (m)	ხურდა	khurda

imposto (m)	გადასახადი	gadasakhadi
multa (f)	ჯარიმა	jarima
multar (vt)	დაჯარიმება	dajarimeba

60. Correios. Serviço postal

correios (m pl)	ფოსტა	post'a
correio (m)	ფოსტა	post'a
carteiro (m)	ფოსტალიონი	post'alioni
horário (m)	სამუშაო საათები	samushao saatebi

carta (f)	წერილი	ts'erili
carta (f) registada	დაზღვეული წერილი	dazghveuli ts'erili
postal (m)	ღია ბარათი	ghia barati
telegrama (m)	დეპეშა	dep'esha
encomenda (f) postal	ამანათი	amanati
remessa (f) de dinheiro	ფულადი გზავნილი	puladi gzavnili

receber (vt)	მიღება	migheba
enviar (vt)	გაგზავნა	gagzavna
envio (m)	გაგზავნა	gagzavna

endereço (m)	მისამართი	misamarti
código (m) postal	ინდექსი	indeksi
remetente (m)	გამგზავნი	gamgzavni
destinatário (m)	მიმღები	mimghebi

nome (m)	სახელი	sakheli
apelido (m)	გვარი	gvari

tarifa (f)	ტარიფი	t'aripi
ordinário	ჩვეულებრივი	chveulebrivi
económico	ეკონომიური	ek'onomiuri

peso (m)	წონა	ts'ona
pesar (estabelecer o peso)	აწონვა	ats'onva
envelope (m)	კონვერტი	k'onvert'i
selo (m)	მარკა	mark'a

Moradia. Casa. Lar

61. Casa. Eletricidade

eletricidade (f)	ელექტრობა	elekt'roba
lâmpada (f)	ნათურა	natura
interruptor (m)	ამომრთველი	amomrtveli
fusível (m)	საცობი	satsobi
fio, cabo (m)	სადენი	sadeni
instalação (f) elétrica	გაყვანილობა	gaqvaniloba
contador (m) de eletricidade	მრიცხველი	mritskhveli
indicação (f), registo (m)	ჩვენება	chveneba

62. Moradia. Mansão

casa (f) de campo	ქალაქგარეთა სახლი	kalakgareta sakhli
vila (f)	ვილა	vila
ala (~ do edifício)	ფრთა	prta
jardim (m)	ბაღი	baghi
parque (m)	პარკი	p'ark'i
estufa (f)	ორანჟერეა	oranzherea
cuidar de …	მოვლა	movla
piscina (f)	აუზი	auzi
ginásio (m)	სპორტული დარბაზი	sp'ort'uli darbazi
campo (m) de ténis	ჩოგბურთის კორტი	chogburtis k'ort'i
cinema (m)	კინოთეატრი	k'inoteat'ri
garagem (f)	ავტოფარეხი	avt'oparekhi
propriedade (f) privada	კერძო საკუთრება	k'erdzo sak'utreba
terreno (m) privado	კერძო სამფლობელოები	k'erdzo samplobeloebi
advertência (f)	გაფრთხილება	gaprtkhileba
sinal (m) de aviso	გამაფრთხილებელი წარწერა	gamaprtkhilebeli ts'arts'era
guarda (f)	დაცვა	datsva
guarda (m)	მცველი	mtsveli
alarme (m)	სიგნალიზაცია	signalizatsia

63. Apartamento

apartamento (m)	ბინა	bina
quarto (m)	ოთახი	otakhi
quarto (m) de dormir	საწოლი ოთახი	sats'oli otakhi

sala (f) de jantar	სასადილო ოთახი	sasadilo otakhi
sala (f) de estar	სასტუმრო ოთახი	sast'umro otakhi
escritório (m)	კაბინეტი	k'abinet'i

antessala (f)	წინა ოთახი	ts'ina otakhi
quarto (m) de banho	სააბაზანო ოთახი	saabazano otakhi
toilette (lavabo)	საპირფარეშო	sap'irparesho

teto (m)	ჭერი	ch'eri
chão, soalho (m)	იატაკი	iat'ak'i
canto (m)	კუთხე	k'utkhe

64. Mobiliário. Interior

mobiliário (m)	ავეჯი	aveji
mesa (f)	მაგიდა	magida
cadeira (f)	სკამი	sk'ami
cama (f)	საწოლი	sats'oli

| divã (m) | დივანი | divani |
| cadeirão (m) | სავარძელი | savardzeli |

| estante (f) | კარადა | k'arada |
| prateleira (f) | თარო | taro |

guarda-vestidos (m)	კარადა	k'arada
cabide (m) de parede	საკიდი	sak'idi
cabide (m) de pé	საკიდი	sak'idi

| cómoda (f) | კომოდი | k'omodi |
| mesinha (f) de centro | ჟურნალების მაგიდა | zhurnalebis magida |

espelho (m)	სარკე	sark'e
tapete (m)	ხალიჩა	khalicha
tapete (m) pequeno	პატარა ნოხი	p'at'ara nokhi

lareira (f)	ბუხარი	bukhari
vela (f)	სანთელი	santeli
castiçal (m)	შანდალი	shandali

cortinas (f pl)	ფარდები	pardebi
papel (m) de parede	შპალერი	shp'aleri
estores (f pl)	ჟალუზი	zhaluzi

| candeeiro (m) de mesa | მაგიდის ლამპა | magidis lamp'a |
| candeeiro (m) de parede | ლამპარი | lamp'ari |

| candeeiro (m) de pé | ტორშერი | t'orsheri |
| lustre (m) | ჭაღი | ch'aghi |

pé (de mesa, etc.)	ფეხი	pekhi
braço (m)	საიდაყვე	saidaqve
costas (f pl)	ზურგი	zurgi
gaveta (f)	უჯრა	ujra

65. Quarto de dormir

roupa (f) de cama	თეთრეული	tetreuli
almofada (f)	ბალიში	balishi
fronha (f)	ბალიშისპირი	balishisp'iri
cobertor (m)	საბანი	sabani
lençol (m)	ზეწარი	zets'ari
colcha (f)	გადასაფარებელი	gadasaparebeli

66. Cozinha

cozinha (f)	სამზარეულო	samzareulo
gás (m)	აირი	airi
fogão (m) a gás	გაზქურა	gazkura
fogão (m) elétrico	ელექტროქურა	elekt'rokura
forno (m)	ფურნაკი	purnak'i
forno (m) de micro-ondas	მიკროტალღოვანი ღუმელი	mik'rot'alghovani ghumeli
frigorífico (m)	მაცივარი	matsivari
congelador (m)	საყინულე	saqinule
máquina (f) de lavar louça	ჭურჭლის სარეცხი მანქანა	ch'urch'lis saretskhi mankana
moedor (m) de carne	ხორცსაკეპი	khortssak'ep'i
espremedor (m)	წვენსაწური	ts'vensats'uri
torradeira (f)	ტოსტერი	t'ost'eri
batedeira (f)	მიქსერი	mikseri
máquina (f) de café	ყავის სახარში	qavis sakharshi
cafeteira (f)	ყავადანი	qavadani
moinho (m) de café	ყავის საფქვავი	qavis sapkvavi
chaleira (f)	ჩაიდანი	chaidani
bule (m)	ჩაიდანი	chaidani
tampa (f)	ხუფი	khupi
coador (m) de chá	საწური	sats'uri
colher (f)	კოვზი	k'ovzi
colher (f) de chá	ჩაის კოვზი	chais k'ovzi
colher (f) de sopa	სადილის კოვზი	sadilis k'ovzi
garfo (m)	ჩანგალი	changali
faca (f)	დანა	dana
louça (f)	ჭურჭელი	ch'urch'eli
prato (m)	თეფში	tepshi
pires (m)	ლამბაქი	lambaki
cálice (m)	სირჩა	sircha
copo (m)	ჭიქა	ch'ika
chávena (f)	ფინჯანი	pinjani
açucareiro (m)	საშაქრე	sashakre
saleiro (m)	სამარილე	samarile
pimenteiro (m)	საპილპილე	sap'ilp'ile

manteigueira (f)	საკარაქე	sak'arake
panela, caçarola (f)	ქვაბი	kvabi
frigideira (f)	ტაფა	t'apa
concha (f)	ჩამჩა	chamcha
passador (m)	თუშფალანგი	tushpalangi
bandeja (f)	ლანგარი	langari
garrafa (f)	ბოთლი	botli
boião (m) de vidro	ქილა	kila
lata (f)	ქილა	kila
abre-garrafas (m)	გასახსნელი	gasakhsneli
abre-latas (m)	გასახსნელი	gasakhsneli
saca-rolhas (m)	შტოპორი	sht'op'ori
filtro (m)	ფილტრი	pilt'ri
filtrar (vt)	ფილტვრა	pilt'vra
lixo (m)	ნაგავი	nagavi
balde (m) do lixo	სანაგვე ვედრო	sanagve vedro

67. Casa de banho

quarto (m) de banho	სააბაზანო ოთახი	saabazano otakhi
água (f)	წყალი	ts'qali
torneira (f)	ონკანი	onk'ani
água (f) quente	ცხელი წყალი	tskheli ts'qali
água (f) fria	ცივი წყალი	tsivi ts'qali
pasta (f) de dentes	კბილის პასტა	k'bilis p'ast'a
escovar os dentes	კბილების წმენდა	k'bilebis ts'menda
barbear-se (vr)	პარსვა	p'arsva
espuma (f) de barbear	საპარსი ქაფი	sap'arsi kapi
máquina (f) de barbear	სამართებელი	samartebeli
lavar (vt)	რეცხვა	retskhva
lavar-se (vr)	დაბანა	dabana
duche (m)	შხაპი	shkhap'i
tomar um duche	შხაპის მიღება	shkhap'is migheba
banheira (f)	აბაზანა	abazana
sanita (f)	უნიტაზი	unit'azi
lavatório (m)	ნიჟარა	nizhara
sabonete (m)	საპონი	sap'oni
saboneteira (f)	სასაპნე	sasap'ne
esponja (f)	ღრუბელი	ghrubeli
champô (m)	შამპუნი	shamp'uni
toalha (f)	პირსახოცი	p'irsakhotsi
roupão (m) de banho	ხალათი	khalati
lavagem (f)	რეცხვა	retskhva
máquina (f) de lavar	სარეცხი მანქანა	saretskhi mankana

lavar a roupa	თეთრეულის რეცხვა	tetreulis retsvkha
detergente (m)	სარეცხი ფხვნილი	saretskhi pkhvnili

68. Eletrodomésticos

televisor (m)	ტელევიზორი	t'elevizori
gravador (m)	მაგნიტოფონი	magnit'oponi
videogravador (m)	ვიდეომაგნიტოფონი	videomagnit'oponi
rádio (m)	მიმღები	mimghebi
leitor (m)	ფლეერი	pleeri
projetor (m)	ვიდეოპროექტორი	videop'roekt'ori
cinema (m) em casa	სახლის კინოთეატრი	sakhlis k'inoteat'ri
leitor (m) de DVD	DVD-საკრავი	DVD-sak'ravi
amplificador (m)	გამაძლიერებელი	gamadzlierebeli
console (f) de jogos	სათამაშო მისადგამი	satamasho misadgami
câmara (f) de vídeo	ვიდეოკამერა	videok'amera
máquina (f) fotográfica	ფოტოაპარატი	pot'oap'arat'i
câmara (f) digital	ციფრული ფოტოაპარატი	tsipruli pot'oap'arat'i
aspirador (m)	მტვერსასრუტი	mt'versasrut'i
ferro (m) de engomar	უთო	uto
tábua (f) de engomar	საუთოებელი დაფა	sautoebeli dapa
telefone (m)	ტელეფონი	t'eleponi
telemóvel (m)	მობილური ტელეფონი	mobiluri t'eleponi
máquina (f) de escrever	მანქანა	mankana
máquina (f) de costura	მანქანა	mankana
microfone (m)	მიკროფონი	mik'roponi
auscultadores (m pl)	საყურისი	saqurisi
controlo remoto (m)	პულტი	p'ult'i
CD (m)	CD-დისკი	CD-disk'i
cassete (f)	კასეტი	k'aset'i
disco (m) de vinil	ფირფიტა	pirpit'a

ATIVIDADES HUMANAS

Emprego. Negócios. Parte 1

69. Escritório. O trabalho no escritório

escritório (~ de advogados)	ოფისი	opisi
escritório (do diretor, etc.)	კაბინეტი	k'abinet'i
receção (f)	რესეფშენი	resepsheni
secretário (m)	მდივანი	mdivani
diretor (m)	დირექტორი	direkt'ori
gerente (m)	მენეჯერი	menejeri
contabilista (m)	ბუღალტერი	bughalt'eri
empregado (m)	თანამშრომელი	tanamshromeli
mobiliário (m)	ავეჯი	aveji
mesa (f)	მაგიდა	magida
cadeira (f)	სავარძელი	savardzeli
bloco (m) de gavetas	ტუმბა	t'umba
cabide (m) de pé	საკიდი	sak'idi
computador (m)	კომპიუტერი	k'omp'iut'eri
impressora (f)	პრინტერი	p'rint'eri
fax (m)	ფაქსი	paksi
fotocopiadora (f)	ასლის გადამღები აპარატი	aslis gadamghebi ap'arat'i
papel (m)	ქაღალდი	kaghaldi
artigos (m pl) de escritório	საკანცელარიო ნივთები	sak'antselario nivtebi
tapete (m) de rato	ქვეშსადები	kveshsadebi
folha (f) de papel	ფურცელი	purtseli
pasta (f)	საქაღალდე	sakaghalde
catálogo (m)	კატალოგი	k'at'alogi
diretório (f) telefónico	ცნობარი	tsnobari
documentação (f)	დოკუმენტაცია	dok'ument'atsia
brochura (f)	ბროშურა	broshura
flyer (m)	ფურცელი	purtseli
amostra (f)	ნიმუში	nimushi
formação (f)	ტრენინგი	t'reningi
reunião (f)	თათბირი	tatbiri
hora (f) de almoço	სასადილო შესვენება	sasadilo shesveneba
fazer uma cópia	ასლის გაკეთება	aslis gak'eteba
tirar cópias	გამრავლება	gamravleba
receber um fax	ფაქსის მიღება	paksis migheba
enviar um fax	ფაქსის გაგზავნა	paksis gagzavna
fazer uma chamada	რეკვა	rek'va

| responder (vt) | პასუხის გაცემა | p'asukhis gatsema |
| passar (vt) | შეერთება | sheerteba |

marcar (vt)	დანიშვნა	danishvna
demonstrar (vt)	დემონსტრირება	demonst'rireba
estar ausente	არდასწრება	ardasts'reba
ausência (f)	გაცდენა	gatsdena

70. Processos negociais. Parte 1

ocupação (f)	საქმე	sakme
firma, empresa (f)	ფირმა	pirma
companhia (f)	კომპანია	k'omp'ania
corporação (f)	კორპორაცია	k'orp'oratsia
empresa (f)	საწარმო	sats'armo
agência (f)	სააგენტო	saagent'o

acordo (documento)	ხელშეკრულება	khelshek'ruleba
contrato (m)	კონტრაქტი	k'ont'rakt'i
acordo (transação)	გარიგება	garigeba
encomenda (f)	შეკვეთა	shek'veta
cláusulas (f pl), termos (m pl)	პირობა	p'iroba

por grosso (adv)	ბითუმად	bitumad
por grosso (adj)	საბითუმო	sabitumo
venda (f) por grosso	ბითუმად გაყიდვა	bitumad gaqidva
a retalho	საცალო	satsalo
venda (f) a retalho	ცალობით გაყიდვა	tsalobit gaqidva

concorrente (m)	კონკურენტი	k'onk'urent'i
concorrência (f)	კონკურენცია	k'onk'urentsia
competir (vi)	კონკურენციის გაწევა	k'onk'urentsiis gats'eva

| sócio (m) | პარტნიორი | p'art'niori |
| parceria (f) | პარტნიორობა | p'art'nioroba |

crise (f)	კრიზისი	k'rizisi
bancarrota (f)	გაკოტრება	gak'ot'reba
entrar em falência	გაკოტრება	gak'ot'reba
dificuldade (f)	სიძნელე	sidznele
problema (m)	პრობლემა	p'roblema
catástrofe (f)	კატასტროფა	k'at'ast'ropa

economia (f)	ეკონომიკა	ek'onomik'a
económico	ეკონომიკური	ek'onomik'uri
recessão (f) económica	ეკონომიკური ვარდნა	ek'onomik'uri vardna

| objetivo (m) | მიზანი | mizani |
| tarefa (f) | ამოცანა | amotsana |

comerciar (vi, vt)	ვაჭრობა	vach'roba
rede (de distribuição)	ქსელი	kseli
estoque (m)	საწყობი	sats'qobi
sortimento (m)	ასორტიმენტი	asort'iment'i

líder (m)	ლიდერი	lideri
grande (~ empresa)	მსხვილი	mskhvili
monopólio (m)	მონოპოლია	monop'olia

teoria (f)	თეორია	teoria
prática (f)	პრაქტიკა	p'rakt'ik'a
experiência (falar por ~)	გამოცდილება	gamotsdileba
tendência (f)	ტენდენცია	t'endentsia
desenvolvimento (m)	განვითარება	ganvitareba

71. Processos negociais. Parte 2

| rentabilidade (f) | სარგებლობა | sargebloba |
| rentável | სარგებლიანი | sargebliani |

delegação (f)	დელეგაცია	delegatsia
salário, ordenado (m)	ხელფასი	khelpasi
corrigir (um erro)	გამოსწორება	gamosts'oreba
viagem (f) de negócios	მივლინება	mivlineba
comissão (f)	კომისია	k'omisia

controlar (vt)	კონტროლის გაწევა	k'ont'rolis gats'eva
conferência (f)	კონფერენცია	k'onperentsia
licença (f)	ლიცენზია	litsenzia
confiável	საიმედო	saimedo

empreendimento (m)	წამოწყება	ts'amots'qeba
norma (f)	ნორმა	norma
circunstância (f)	გარემოება	garemoeba
dever (m)	მოვალეობა	movaleoba

empresa (f)	ორგანიზაცია	organizatsia
organização (f)	ორგანიზება	organizeba
organizado	ორგანიზებული	organizebuli
anulação (f)	გაუქმება	gaukmeba
anular, cancelar (vt)	გაუქმება	gaukmeba
relatório (m)	ანგარიში	angarishi

patente (f)	პატენტი	p'at'ent'i
patentear (vt)	დაპატენტება	dap'at'ent'eba
planear (vt)	დაგეგმვა	dagegmva

prémio (m)	პრემია	p'remia
profissional	პროფესიული	p'ropesiuli
procedimento (m)	პროცედურა	p'rotsedura

examinar (a questão)	განხილვა	gankhilva
cálculo (m)	ანგარიშსწორება	angarishsts'oreba
reputação (f)	რეპუტაცია	rep'ut'atsia
risco (m)	რისკი	risk'i

dirigir (~ uma empresa)	ხელმძღვანელობა	khelmdzghvaneloba
informação (f)	ცნობები	tsnobebi
propriedade (f)	საკუთრება	sak'utreba

união (f)	კავშირი	k'avshiri
seguro (m) de vida	სიცოცხლის დაზღვევა	sitsotskhlis dazghveva
fazer um seguro	დაზღვევა	dazghveva
seguro (m)	დაზღვევა	dazghveva

leilão (m)	საჯარო ვაჭრობა	sajaro vach'roba
notificar (vt)	შეტყობინება	shet'qobineba
gestão (f)	მართვა	martva
serviço (indústria de ~s)	სამსახური	samsakhuri

fórum (m)	ფორუმი	porumi
funcionar (vi)	ფუნქციონირება	punktsionireba
estágio (m)	ეტაპი	et'ap'i
jurídico	იურიდიული	iuridiuli
jurista (m)	იურისტი	iurist'i

72. Produção. Trabalhos

usina (f)	ქარხანა	karkhana
fábrica (f)	ფაბრიკა	pabrik'a
oficina (f)	საამქრო	saamkro
local (m) de produção	წარმოება	ts'armoeba

indústria (f)	მრეწველობა	mrets'veloba
industrial	სამრეწველო	samrets'velo
indústria (f) pesada	მძიმე მრეწველობა	mdzime mrets'veloba
indústria (f) ligeira	მსუბუქი მრეწველობა	msubuki mrets'veloba

produção (f)	პროდუქცია	p'roduktsia
produzir (vt)	წარმოება	ts'armoeba
matérias-primas (f pl)	ნედლეული	nedleuli

chefe (m) de brigada	ბრიგადირი	brigadiri
brigada (f)	ბრიგადა	brigada
operário (m)	მუშა	musha

dia (m) de trabalho	სამუშაო დღე	samushao dghe
pausa (f)	შეჩერება	shechereba
reunião (f)	კრება	k'reba
discutir (vt)	განხილვა	gankhilva

plano (m)	გეგმა	gegma
cumprir o plano	გეგმის შესრულება	gegmis shesruleba
taxa (f) de produção	გამომუშავების ნორმა	gamomushavebis norma
qualidade (f)	ხარისხი	khariskhi
controlo (m)	კონტროლი	k'ont'roli
controlo (m) da qualidade	ხარისხის კონტროლი	khariskhis k'ont'roli

segurança (f) no trabalho	შრომის უსაფრთხოება	shromis usaprtkhoeba
disciplina (f)	დისციპლინა	distsip'lina
infração (f)	დარღვევა	darghveva
violar (as regras)	დარღვევა	darghveva
greve (f)	გაფიცვა	gapitsva
grevista (m)	გაფიცული	gapitsuli

estar em greve	გაფიცვა	gapitsva
sindicato (m)	პროფკავშირი	p'ropk'avshiri
inventar (vt)	გამოგონება	gamogoneba
invenção (f)	გამოგონება	gamogoneba
pesquisa (f)	გამოკვლევა	gamok'vleva
melhorar (vt)	გაუმჯობესება	gaumjobeseba
tecnologia (f)	ტექნოლოგია	t'eknologia
desenho (m) técnico	ნახაზი	nakhazi
carga (f)	ტვირთი	t'virti
carregador (m)	მტვირთავი	mt'virtavi
carregar (vt)	დატვირთვა	dat'virtva
carregamento (m)	დატვირთვა	dat'virtva
descarregar (vt)	დაცლა	datsla
descarga (f)	დაცლა	datsla
transporte (m)	ტრანსპორტი	t'ransp'ort'i
companhia (f) de transporte	სატრანსპორტო კომპანია	sat'ransp'ort'o k'omp'ania
transportar (vt)	ტრანსპორტირება	t'ransp'ort'ireba
vagão (m) de carga	ვაგონი	vagoni
cisterna (f)	ცისტერნა	tsist'erna
camião (m)	სატვირთო მანქანა	sat'virto mankana
máquina-ferramenta (f)	დაზგა	dazga
mecanismo (m)	მექანიზმი	mekanizmi
resíduos (m pl) industriais	ნარჩენები	narchenebi
embalagem (f)	შეფუთვა	sheputva
embalar (vt)	შეფუთვა	sheputva

73. Contrato. Acordo

contrato (m)	კონტრაქტი	k'ont'rakt'i
acordo (m)	შეთანხმება	shetankhmeba
adenda (f), anexo (m)	დანართი	danarti
assinar o contrato	კონტრაქტის დადება	k'ont'rakt'is dadeba
assinatura (f)	ხელმოწერა	khelmots'era
assinar (vt)	ხელის მოწერა	khelis mots'era
carimbo (m)	ბეჭედი	bech'edi
objeto (m) do contrato	ხელშეკრულების საგანი	khelshek'rulebis sagani
cláusula (f)	პუნქტი	p'unkt'i
partes (f pl)	მხარეები	mkhareebi
morada (f) jurídica	იურიდიული მისამართი	iuridiuli misamarti
violar o contrato	კონტრაქტის დარღვევა	k'ont'rakt'is darghveva
obrigação (f)	ვალდებულება	valdebuleba
responsabilidade (f)	პასუხისმგებლობა	p'asukhismgebloba
força (f) maior	ფორს-მაჟორი	pors-mazhori
litígio (m), disputa (f)	დავა	dava
multas (f pl)	საჯარიმო სანქციები	sajarimo sanktsiebi

74. Importação & Exportação

importação (f)	იმპორტი	imp'ort'i
importador (m)	იმპორტიორი	imp'ort'iori
importar (vt)	იმპორტირება	imp'ort'ireba
de importação	იმპორტული	imp'ort'uli
exportador (m)	ექსპორტიორი	eksp'ort'iori
exportar (vt)	ექსპორტირება	eksp'ort'ireba
mercadoria (f)	საქონელი	sakoneli
lote (de mercadorias)	პარტია	p'art'ia
peso (m)	წონა	ts'ona
volume (m)	მოცულობა	motsuloba
metro (m) cúbico	კუბური მეტრი	k'uburi met'ri
produtor (m)	მწარმოებელი	mts'armoebeli
companhia (f) de transporte	სატრანსპორტო კომპანია	sat'ransp'ort'o k'omp'ania
contentor (m)	კონტეინერი	k'ont'eineri
fronteira (f)	საზღვარი	sazghvari
alfândega (f)	საბაჟო	sabazho
taxa (f) alfandegária	საბაჟო გადასახადი	sabazho gadasakhadi
funcionário (m) da alfândega	მებაჟე	mebazhe
contrabando (atividade)	კონტრაბანდა	k'ont'rabanda
contrabando (produtos)	კონტრაბანდა	k'ont'rabanda

75. Finanças

ação (f)	აქცია	aktsia
obrigação (f)	ობლიგაცია	obligatsia
nota (f) promissória	თამასუქი	tamasuki
bolsa (f)	ბირჟა	birzha
cotação (m) das ações	აქციების კურსი	aktsiebis k'ursi
tornar-se mais barato	გაიაფება	gaiapeba
tornar-se mais caro	გაძვირება	gadzvireba
participação (f) maioritária	საკონტროლო პაკეტი	sak'ont'rolo p'ak'et'i
investimento (m)	ინვესტიციები	invest'itsiebi
investir (vt)	ინვესტირება	invest'ireba
percentagem (f)	პროცენტი	p'rotsent'i
juros (m pl)	პროცენტები	p'rotsent'ebi
lucro (m)	მოგება	mogeba
lucrativo	მომგებიანი	momgebiani
imposto (m)	გადასახადი	gadasakhadi
divisa (f)	ვალუტა	valut'a
nacional	ეროვნული	erovnuli
câmbio (m)	გაცვლა	gatsvla

contabilista (m)	ბუღალტერი	bughalt'eri
contabilidade (f)	ბუღალტერია	bughalt'eria
bancarrota (f)	გაკოტრება	gak'ot'reba
falência (f)	გაკოტრება	gak'ot'reba
ruína (f)	გაკოტრება	gak'ot'reba
arruinar-se (vr)	გაკოტრება	gak'ot'reba
inflação (f)	ინფლაცია	inplatsia
desvalorização (f)	დევალვაცია	devalvatsia
capital (m)	კაპიტალი	k'ap'it'ali
rendimento (m)	შემოსავალი	shemosavali
volume (m) de negócios	ბრუნვა	brunva
recursos (m pl)	რესურსები	resursebi
recursos (m pl) financeiros	ფულადი სახსრები	puladi sakhsrebi
despesas (f pl) gerais	ზედნადები ხარჯები	zednadebi kharjebi
reduzir (vt)	შემცირება	shemtsireba

76. Marketing

marketing (m)	მარკეტინგი	mark'et'ingi
mercado (m)	ბაზარი	bazari
segmento (m) do mercado	ბაზრის სეგმენტი	bazris segment'i
produto (m)	პროდუქტი	p'rodukt'i
mercadoria (f)	საქონელი	sakoneli
marca (f) comercial	სავაჭრო მარკა	savach'ro mark'a
logotipo (m)	საფირმო ნიშანი	sapirmo nishani
logo (m)	ლოგოტიპი	logot'ip'i
demanda (f)	მოთხოვნა	motkhovna
oferta (f)	შეთავაზება	shetavazeba
necessidade (f)	მოთხოვნილება	motkhovnileba
consumidor (m)	მომხმარებელი	momkhmarebeli
análise (f)	ანალიზი	analizi
analisar (vt)	გაანალიზება	gaanalizeba
posicionamento (m)	პოზიციონირება	p'ozitsionireba
posicionar (vt)	პოზიციონირება	p'ozitsionireba
preço (m)	ფასი	pasi
política (f) de preços	ფასების პოლიტიკა	pasebis p'olit'ik'a
formação (f) de preços	ფასწარმოქმნა	pasts'armokmna

77. Publicidade

publicidade (f)	რეკლამა	rek'lama
publicitar (vt)	რეკლამირება	rek'lamireba
orçamento (m)	ბიუჯეტი	biujet'i
anúncio (m) publicitário	რეკლამა	rek'lama
publicidade (f) televisiva	ტელერეკლამა	t'elerek'lama

publicidade (f) na rádio	რეკლამა რადიოში	rek'lama radioshi
publicidade (f) exterior	გარე რეკლამა	gare rek'lama
comunicação (f) de massa	მასობრივი ინფორმაციის საშუალებები	masobrivi inpormatsiis sashualebebi
periódico (m)	პერიოდული გამოცემა	p'erioduli gamotsema
imagem (f)	იმიჯი	imiji
slogan (m)	ლოზუნგი	lozungi
mote (m), divisa (f)	დევიზი	devizi
campanha (f)	კამპანია	k'amp'ania
companha (f) publicitária	სარეკლამო კამპანია	sarek'lamo k'amp'ania
grupo (m) alvo	მიზნობრივი აუდიტორია	miznobrivi audit'oria
cartão (m) de visita	სავიზიტო ბარათი	savizit'o barati
flyer (m)	ფურცელი	purtseli
brochura (f)	ბროშურა	broshura
folheto (m)	ბუკლეტი	buk'let'i
boletim (~ informativo)	ბიულეტენი	biulet'eni
letreiro (m)	აბრა	abra
cartaz, póster (m)	პლაკატი	p'lak'at'i
painel (m) publicitário	სარეკლამო ფარი	sarek'lamo pari

78. Banca

banco (m)	ბანკი	bank'i
sucursal, balcão (f)	განყოფილება	ganqopileba
consultor (m)	კონსულტანტი	k'onsult'ant'i
gerente (m)	მმართველი	mmartveli
conta (f)	ანგარიში	angarishi
número (m) da conta	ანგარიშის ნომერი	angarishis nomeri
conta (f) corrente	მიმდინარე ანგარიში	mimdinare angarishi
conta (f) poupança	დამაგროვებელი ანგარიში	damagrovebeli angarishi
abrir uma conta	ანგარიშის გახსნა	angarishis gakhsna
fechar uma conta	ანგარიშის დახურვა	angarishis dakhurva
depositar na conta	ანგარიშზე დადება	angarishze dadeba
levantar (vt)	ანგარიშიდან მოხსნა	angarishidan mokhsna
depósito (m)	ანაბარი	anabari
fazer um depósito	ანაბრის გაკეთება	anabris gak'eteba
transferência (f) bancária	გზავნილი	gzavnili
transferir (vt)	გზავნილის გაკეთება	gzavnilis gak'eteba
soma (f)	თანხა	tankha
Quanto?	რამდენი?	ramdeni?
assinatura (f)	ხელმოწერა	khelmots'era
assinar (vt)	ხელის მოწერა	khelis mots'era
cartão (m) de crédito	საკრედიტო ბარათი	sak'redit'o barati

código (m)	კოდი	k'odi
número (m)	საკრედიტო	sak'redit'o
do cartão de crédito	ბარათის ნომერი	baratis nomeri
Caixa Multibanco (m)	ბანკომატი	bank'omat'i

cheque (m)	ჩეკი	chek'i
passar um cheque	ჩეკის გამოწერა	chek'is gamots'era
livro (m) de cheques	ჩეკების წიგნაკი	chek'ebis ts'ignak'i

empréstimo (m)	კრედიტი	k'redit'i
pedir um empréstimo	კრედიტისათვის მიმართვა	k'redit'isatvis mimartva
obter um empréstimo	კრედიტის აღება	k'redit'is agheba
conceder um empréstimo	კრედიტის წარდგენა	k'redit'is ts'ardgena
garantia (f)	გარანტია	garant'ia

79. Telefone. Conversação telefónica

telefone (m)	ტელეფონი	t'eleponi
telemóvel (m)	მობილური ტელეფონი	mobiluri t'eleponi
secretária (f) electrónica	ავტომოპასუხე	avt'omop'asukhe

fazer uma chamada	რეკვა	rek'va
chamada (f)	ზარი	zari

marcar um número	ნომრის აკრეფა	nomris ak'repa
Alô!	ალო!	alo!
perguntar (vt)	კითხვა	k'itkhva
responder (vt)	პასუხის გაცემა	p'asukhis gatsema

ouvir (vt)	სმენა	smena
bem	კარგად	k'argad
mal	ცუდად	tsudad
ruído (m)	ხარვეზები	kharvezebi

auscultador (m)	ყურმილი	qurmili
pegar o telefone	ყურმილის აღება	qurmilis agheba
desligar (vi)	ყურმილის დადება	qurmilis dadeba

ocupado	დაკავებული	dak'avebuli
tocar (vi)	რეკვა	rek'va
lista (f) telefónica	სატელეფონო წიგნი	sat'elepono ts'igni

local	ადგილობრივი	adgilobrivi
de longa distância	საქალაქთაშორისო	sakalaktashoriso
internacional	საერთაშორისო	saertashoriso

80. Telefone móvel

telemóvel (m)	მობილური ტელეფონი	mobiluri t'eleponi
ecrã (m)	დისპლეი	disp'lei
botão (m)	ღილაკი	ghilak'i
cartão SIM (m)	SIM-ბარათი	SIM-barati

bateria (f)	ბატარეა	bat'area
descarregar-se	განმუხტვა	ganmukht'va
carregador (m)	დასამუხტი მოწყობილობა	dasamukht'i mots'qobiloba
menu (m)	მენიუ	meniu
definições (f pl)	აწყობა	ats'qoba
melodia (f)	მელოდია	melodia
escolher (vt)	არჩევა	archeva
calculadora (f)	კალკულატორი	k'alk'ulat'ori
correio (m) de voz	ავტომოპასუხე	avt'omop'asukhe
despertador (m)	მაღვიძარა	maghvidzara
contatos (m pl)	სატელეფონო წიგნი	sat'elepono ts'igni
mensagem (f) de texto	SMS-შეტყობინება	SMS-shet'qobineba
assinante (m)	აბონენტი	abonent'i

81. Estacionário

caneta (f)	ავტოკალამი	avt'ok'alami
caneta (f) tinteiro	კალამი	k'alami
lápis (m)	ფანქარი	pankari
marcador (m)	მარკერი	mark'eri
caneta (f) de feltro	ფლომასტერი	plomast'eri
bloco (m) de notas	ბლოკნოტი	blok'not'i
agenda (f)	დღიური	dghiuri
régua (f)	სახაზავი	sakhazavi
calculadora (f)	კალკულატორი	k'alk'ulat'ori
borracha (f)	საშლელი	sashleli
pionés (m)	ჭიკარტი	ch'ik'art'i
clipe (m)	სამაგრი	samagri
cola (f)	წებო	ts'ebo
agrafador (m)	სტეპლერი	st'ep'leri
furador (m)	სახვრეტელა	sakhvret'ela
afia-lápis (m)	სათლელი	satleli

82. Tipos de negócios

serviços (m pl) de contabilidade	საბუღალტრო მომსახურება	sabughalt'ro momsakhureba
publicidade (f)	რეკლამა	rek'lama
agência (f) de publicidade	სარეკლამო სააგენტო	sarek'lamo saagent'o
ar (m) condicionado	კონდიციონერები	k'onditsionerebi
companhia (f) aérea	ავიაკომპანია	aviak'omp'ania
bebidas (f pl) alcoólicas	სპირტიანი სასმელები	sp'irt'iani sasmelebi
comércio (m) de antiguidades	ანტიკვარიატი	ant'ik'variat'i
galeria (f) de arte	გალერეა	galerea

serviços (m pl) de auditoria	აუდიტორული მომსახურება	audit'oruli momsakhureba
negócios (m pl) bancários	საბანკო ბიზნესი	sabank'o biznesi
bar (m)	ბარი	bari
salão (m) de beleza	სილამაზის სალონი	silamazis saloni
livraria (f)	წიგნების მაღაზია	ts'ignebis maghazia
cervejaria (f)	ლუდსახარში	ludsakharshi
centro (m) de escritórios	ბიზნეს-ცენტრი	biznes-tsent'ri
escola (f) de negócios	ბიზნეს-სკოლა	biznes-sk'ola
casino (m)	სამორინე	samorine
construção (f)	მშენებლობა	msheneblo ba
serviços (m pl) de consultoria	კონსალტინგი	k'onsalt'ingi
estomatologia (f)	სტომატოლოგია	st'omat'ologia
design (m)	დიზაინი	dizaini
farmácia (f)	აფთიაქი	aptiaki
lavandaria (f)	ქიმწმენდა	kimts'menda
agência (f) de emprego	კადრების სააგენტო	k'adrebis saagent'o
serviços (m pl) financeiros	საფინანსო მომსახურება	sapinanso momsakhureba
alimentos (m pl)	კვების პროდუქტები	k'vebis p'rodukt'ebi
agência (f) funerária	დამკრძალავი ბიური	damk'rdzalavi biuro
mobiliário (m)	ავეჯი	aveji
roupa (f)	ტანსაცმელი	t'ansatsmeli
hotel (m)	სასტუმრო	sast'umro
gelado (m)	ნაყინი	naqini
indústria (f)	მრეწველობა	mrets'veloba
seguro (m)	დაზღვევა	dazghveva
internet (f)	ინტერნეტი	int'ernet'i
investimento (m)	ინვესტიციები	invest'itsiebi
joalheiro (m)	იუველირი	iuveliri
joias (f pl)	საიუველირო ნაკეთობები	saiuveliro nak'etobebi
lavandaria (f)	სამრეცხაო	samretskhao
serviços (m pl) jurídicos	იურიდიული მომსახურება	iuridiuli momsakhureba
indústria (f) ligeira	მსუბუქი მრეწველობა	msubuki mrets'veloba
revista (f)	ჟურნალი	zhurnali
vendas (f pl) por catálogo	კატალოგით ვაჭრობა	k'at'alogit vach'roba
medicina (f)	მედიცინა	meditsina
cinema (m)	კინოთეატრი	k'inoteat'ri
museu (m)	მუზეუმი	muzeumi
agência (f) de notícias	საინფორმაციო სააგენტო	sainpormatsio saagent'o
jornal (m)	გაზეთი	gazeti
clube (m) noturno	ღამის კლუბი	ghamis k'lubi
petróleo (m)	ნავთობი	navtobi
serviço (m) de encomendas	კურიერის სამსახური	k'urieris samsakhuri
indústria (f) farmacêutica	ფარმაცევტიკა	parmatsevt'ik'a
poligrafia (f)	პოლიგრაფია	p'oligrapia
editora (f)	გამომცემლობა	gamomtsemloba
rádio (m)	რადიო	radio
imobiliário (m)	უძრავი ქონება	udzravi koneba

restaurante (m)	რესტორანი	rest'orani
empresa (f) de segurança	დაცვის სააგენტო	datsvis saagent'o
desporto (m)	სპორტი	sp'ort'i
bolsa (f)	ბირჟა	birzha
loja (f)	მაღაზია	maghazia
supermercado (m)	სუპერმარკეტი	sup'ermark'et'i
piscina (f)	აუზი	auzi
alfaiataria (f)	ატელიე	at'elie
televisão (f)	ტელევიზია	t'elevizia
teatro (m)	თეატრი	teat'ri
comércio (atividade)	ვაჭრობა	vach'roba
serviços (m pl) de transporte	გადაზიდვები	gadazidvebi
viagens (f pl)	ტურიზმი	t'urizmi
veterinário (m)	ვეტერინარი	vet'erinari
armazém (m)	საწყობი	sats'qobi
recolha (f) do lixo	ნაგვის გატანა	nagvis gat'ana

Emprego. Negócios. Parte 2

83. Espetáculo. Feira

feira (f)	გამოფენა	gamopena
feira (f) comercial	სავაჭრო გამოფენა	savach'ro gamopena
participação (f)	მონაწილეობა	monats'ileoba
participar (vi)	მონაწილეობა	monats'ileoba
participante (m)	მონაწილე	monats'ile
diretor (m)	დირექტორი	direkt'ori
direção (f)	დირექცია, საორგანიზაციო კომიტეტი	direktsia, saorganizatsio k'omit'et'i
organizador (m)	ორგანიზატორი	organizat'ori
organizar (vt)	ორგანიზება	organizeba
ficha (f) de inscrição	განაცხადი მონაწილეობაზე	ganatskhadi monats'ileobaze
preencher (vt)	შევსება	shevseba
detalhes (m pl)	დეტალები	det'alebi
informação (f)	ინფორმაცია	inpormatsia
preço (m)	ფასი	pasi
incluindo	ჩათვლით	chatvlit
incluir (vt)	ჩათვლა	chatvla
pagar (vt)	გადახდა	gadakhda
taxa (f) de inscrição	სარეგისტრაციო შესატანი	saregist'ratsio shesat'ani
entrada (f)	შესასვლელი	shesasvleli
pavilhão (m)	პავილიონი	p'avilioni
inscrever (vt)	რეგისტრაციაში გატარება	regist'ratsiashi gat'areba
crachá (m)	ბეჯი	beji
stand (m)	სტენდი	st'endi
reservar (vt)	რეზერვირება	rezervireba
vitrina (f)	ვიტრინა	vit'rina
foco, spot (m)	ლამპარი	lamp'ari
design (m)	დიზაინი	dizaini
pôr, colocar (vt)	განლაგება	ganlageba
ser colocado, -a	განლაგება	ganlageba
distribuidor (m)	დისტრიბიუტორი	dist'ribiut'ori
fornecedor (m)	მიმწოდებელი	mimts'odebeli
fornecer (vt)	მიწოდება	mits'odeba
país (m)	ქვეყანა	kveqana
estrangeiro	უცხოური	utskhouri
produto (m)	პროდუქტი	p'rodukt'i
associação (f)	ასოციაცია	asotsiatsia

sala (f) de conferências	საკონფერენციო დარბაზი	sak'onperentsio darbazi
congresso (m)	კონგრესი	k'ongresi
concurso (m)	კონკურსი	k'onk'ursi
visitante (m)	მომსვლელი	momsvleli
visitar (vt)	ნახვა	nakhva
cliente (m)	შემკვეთი	shemk'veti

84. Ciência. Investigação. Cientistas

ciência (f)	მეცნიერება	metsniereba
científico	სამეცნიერო	sametsniero
cientista (m)	მეცნიერი	metsnieri
teoria (f)	თეორია	teoria
axioma (m)	აქსიომა	aksioma
análise (f)	ანალიზი	analizi
analisar (vt)	გაანალიზება	gaanalizeba
argumento (m)	არგუმენტი	argument'i
substância (f)	ნივთიერება	nivtiereba
hipótese (f)	ჰიპოთეზა	hip'oteza
dilema (m)	დილემა	dilema
tese (f)	დისერტაცია	disert'atsia
dogma (m)	დოგმა	dogma
doutrina (f)	დოქტრინა	dokt'rina
pesquisa (f)	გამოკვლევა	gamok'vleva
pesquisar (vt)	გამოკვლევა	gamok'vleva
teste (m)	კონტროლი	k'ont'roli
laboratório (m)	ლაბორატორია	laborat'oria
método (m)	მეთოდი	metodi
molécula (f)	მოლეკულა	molek'ula
monitoramento (m)	მონიტორინგი	monit'oringi
descoberta (f)	აღმოჩენა	aghmochena
postulado (m)	პოსტულატი	p'ost'ulat'i
princípio (m)	პრინციპი	p'rintsip'i
prognóstico (previsão)	პროგნოზი	p'rognozi
prognosticar (vt)	პროგნოზირება	p'rognozireba
síntese (f)	სინთეზი	sintezi
tendência (f)	ტენდენცია	t'endentsia
teorema (m)	თეორემა	teorema
ensinamentos (m pl)	მოძღვრება	modzghvreba
facto (m)	ფაქტი	pakt'i
expedição (f)	ექსპედიცია	eksp'editsia
experiência (f)	ექსპერიმენტი	eksp'eriment'i
académico (m)	აკადემიკოსი	ak'ademik'osi
bacharel (m)	ბაკალავრი	bak'alavri
doutor (m)	დოქტორი	dokt'ori

docente (m)	დოცენტი	dotsent'i
mestre (m)	მაგისტრი	magist'ri
professor (m) catedrático	პროფესორი	p'ropesori

Profissões e ocupações

85. Procura de emprego. Demissão

trabalho (m)	სამუშაო	samushao
equipa (f)	შტატი	sht'at'i

carreira (f)	კარიერა	k'ariera
perspetivas (f pl)	პერსპექტივა	p'ersp'ekt'iva
mestria (f)	ოსტატობა	ost'at'oba

seleção (f)	შერჩევა	shercheva
agência (f) de emprego	კადრების სააგენტო	k'adrebis saagent'o
CV, currículo (m)	რეზიუმე	reziume
entrevista (f) de emprego	გასაუბრება	gasaubreba
vaga (f)	ვაკანსია	vak'ansia

salário (m)	ხელფასი	khelpasi
salário (m) fixo	ხელფასი	khelpasi
pagamento (m)	საზღაური	sazghauri

posto (m)	თანამდებობა	tanamdeboba
dever (do empregado)	მოვალეობა	movaleoba
gama (f) de deveres	არე	are
ocupado	დაკავებული	dak'avebuli

despedir, demitir (vt)	დათხოვნა	datkhovna
demissão (f)	დათხოვნა	datkhovna

desemprego (m)	უმუშევრობა	umushevroba
desempregado (m)	უმუშევარი	umushevari
reforma (f)	პენსია	p'ensia
reformar-se	პენსიაზე გასვლა	p'ensiaze gasvla

86. Gente de negócios

diretor (m)	დირექტორი	direkt'ori
gerente (m)	მმართველი	mmartveli
patrão, chefe (m)	ხელმძღვანელი	khelmdzghvaneli

superior (m)	უფროსი	uprosi
superiores (m pl)	უფროსობა	uprosoba
presidente (m)	პრეზიდენტი	p'rezident'i
presidente (m) de direção	თავმჯდომარე	tavmjdomare

substituto (m)	მოადგილე	moadgile
assistente (m)	თანაშემწე	tanashemts'e
secretário (m)	მდივანი	mdivani

secretário (m) pessoal	პირადი მდივანი	p'iradi mdivani
homem (m) de negócios	ბიზნესმენი	biznesmeni
empresário (m)	მეწარმე	mets'arme
fundador (m)	დამაარსებელი	damaarsebeli
fundar (vt)	დაარსება	daarseba
fundador, sócio (m)	დამფუძნებელი	dampudznebeli
parceiro, sócio (m)	პარტნიორი	p'art'niori
acionista (m)	აქციონერი	aktsioneri
milionário (m)	მილიონერი	milioneri
bilionário (m)	მილიარდერი	miliarderi
proprietário (m)	მფლობელი	mplobeli
proprietário (m) de terras	მიწათმფლობელი	mits'atmplobeli
cliente (m)	კლიენტი	k'lient'i
cliente (m) habitual	მუდმივი კლიენტი	mudmivi k'lient'i
comprador (m)	მყიდველი	mqidveli
visitante (m)	მომსვლელი	momsvleli
profissional (m)	პროფესიონალი	p'ropesionali
perito (m)	ექსპერტი	eksp'ert'i
especialista (m)	სპეციალისტი	sp'etsialist'i
banqueiro (m)	ბანკირი	bank'iri
corretor (m)	ბროკერი	brok'eri
caixa (m, f)	მოლარე	molare
contabilista (m)	ბუღალტერი	bughalt'eri
guarda (m)	მცველი	mtsveli
investidor (m)	ინვესტორი	invest'ori
devedor (m)	მოვალე	movale
credor (m)	კრედიტორი	k'redit'ori
mutuário (m)	მსესხებელი	mseskhebeli
importador (m)	იმპორტიორი	imp'ort'iori
exportador (m)	ექსპორტიორი	eksp'ort'iori
produtor (m)	მწარმოებელი	mts'armoebeli
distribuidor (m)	დისტრიბიუტორი	dist'ribiut'ori
intermediário (m)	შუამავალი	shuamavali
consultor (m)	კონსულტანტი	k'onsult'ant'i
representante (m)	წარმომადგენელი	ts'armomadgeneli
agente (m)	აგენტი	agent'i
agente (m) de seguros	დაზღვევის აგენტი	dazghvevis agent'i

87. Profissões de serviços

cozinheiro (m)	მზარეული	mzareuli
cozinheiro chefe (m)	შეფ-მზარეული	shep-mzareuli
padeiro (m)	მცხობელი	mtskhobeli
barman (m)	ბარმენი	barmeni

empregado (m) de mesa	ოფიციანტი	opitsiant'i
empregada (f) de mesa	ოფიციანტი	opitsiant'i

advogado (m)	ადვოკატი	advok'at'i
jurista (m)	იურისტი	iurist'i
notário (m)	ნოტარიუსი	not'ariusi

eletricista (m)	ელექტრიკოსი	elekt'rik'osi
canalizador (m)	სანტექნიკოსი	sant'eknik'osi
carpinteiro (m)	ხურო	khuro

massagista (m)	მასაჟისტი	masazhist'i
massagista (f)	მასაჟისტი	masazhist'i
médico (m)	ექიმი	ekimi

taxista (m)	ტაქსისტი	t'aksist'i
condutor (automobilista)	მძღოლი	mdzgholi
entregador (m)	კურიერი	k'urieri

camareira (f)	მოახლე	moakhle
guarda (m)	მცველი	mtsveli
hospedeira (f) de bordo	სტიუარდესა	st'iuardesa

professor (m)	მასწავლებელი	masts'avlebeli
bibliotecário (m)	ბიბლიოთეკარი	bibliotek'ari
tradutor (m)	მთარგმნელი	mtargmneli
intérprete (m)	თარჯიმანი	tarjimani
guia (pessoa)	გიდი	gidi

cabeleireiro (m)	პარიკმახერი	p'arik'makheri
carteiro (m)	ფოსტალიონი	post'alioni
vendedor (m)	გამყიდველი	gamqidveli

jardineiro (m)	მებაღე	mebaghe
criado (m)	მსახური	msakhuri
criada (f)	მოახლე	moakhle
empregada (f) de limpeza	დამლაგებელი	damlagebeli

88. Profissões militares e postos

soldado (m) raso	რიგითი	rigiti
sargento (m)	სერჟანტი	serzhant'i
tenente (m)	ლეიტენანტი	leit'enant'i
capitão (m)	კაპიტანი	k'ap'it'ani

major (m)	მაიორი	maiori
coronel (m)	პოლკოვნიკი	p'olk'ovnik'i
general (m)	გენერალი	generali
marechal (m)	მარშალი	marshali
almirante (m)	ადმირალი	admirali

militar (m)	სამხედრო	samkhedro
soldado (m)	ჯარისკაცი	jarisk'atsi
oficial (m)	ოფიცერი	opitseri

comandante (m)	მეთაური	metauri
guarda (m) fronteiriço	მესაზღვრე	mesazghvre
operador (m) de rádio	რადისტი	radist'i
explorador (m)	მზვერავი	mzveravi
sapador (m)	მესანგრე	mesangre
atirador (m)	მსროლელი	msroleli
navegador (m)	შტურმანი	sht'urmani

89. Oficiais. Padres

rei (m)	მეფე	mepe
rainha (f)	დედოფალი	dedopali
príncipe (m)	პრინცი	p'rintsi
princesa (f)	პრინცესა	p'rintsesa
czar (m)	მეფე	mepe
czarina (f)	მეფე	mepe
presidente (m)	პრეზიდენტი	p'rezident'i
ministro (m)	მინისტრი	minist'ri
primeiro-ministro (m)	პრემიერ-მინისტრი	p'remier-minist'ri
senador (m)	სენატორი	senat'ori
diplomata (m)	დიპლომატი	dip'lomat'i
cônsul (m)	კონსული	k'onsuli
embaixador (m)	ელჩი	elchi
conselheiro (m)	მრჩეველი	mrcheveli
funcionário (m)	მოხელე	mokhele
prefeito (m)	პრეფექტი	p'repekt'i
Presidente (m) da Câmara	მერი	meri
juiz (m)	მოსამართლე	mosamartle
procurador (m)	პროკურორი	p'rok'urori
missionário (m)	მისიონერი	misioneri
monge (m)	ბერი	beri
abade (m)	აბატი	abat'i
rabino (m)	რაბინი	rabini
vizir (m)	ვეზირი	veziri
xá (m)	შახი	shakhi
xeque (m)	შეიხი	sheikhi

90. Profissões agrícolas

apicultor (m)	მეფუტკრე	meput'k're
pastor (m)	მწყემსი	mts'qemsi
agrónomo (m)	აგრონომი	agronomi
criador (m) de gado	მეცხოველე	metskhovele
veterinário (m)	ვეტერინარი	vet'erinari

agricultor (m)	ფერმერი	permeri
vinicultor (m)	მეღვინე	meghvine
zoólogo (m)	ზოოლოგი	zoologi
cowboy (m)	კოვბოი	k'ovboi

91. Profissões artísticas

ator (m)	მსახიობი	msakhiobi
atriz (f)	მსახიობი	msakhiobi
cantor (m)	მომღერალი	momgherali
cantora (f)	მომღერალი	momgherali
bailarino (m)	მოცეკვავე	motsek'vave
bailarina (f)	მოცეკვავე	motsek'vave
artista (m)	არტისტი	art'ist'i
artista (f)	არტისტი	art'ist'i
músico (m)	მუსიკოსი	musik'osi
pianista (m)	პიანისტი	p'ianist'i
guitarrista (m)	გიტარისტი	git'arist'i
maestro (m)	დირიჟორი	dirizhori
compositor (m)	კომპოზიტორი	k'ompozit'ori
empresário (m)	იმპრესარიო	imp'resario
realizador (m)	რეჟისორი	rezhisori
produtor (m)	პროდიუსერი	p'rodiuseri
argumentista (m)	სცენარისტი	stsenarist'i
crítico (m)	კრიტიკოსი	k'rit'ik'osi
escritor (m)	მწერალი	mts'erali
poeta (m)	პოეტი	p'oet'i
escultor (m)	მოქანდაკე	mokandak'e
pintor (m)	მხატვარი	mkhat'vari
malabarista (m)	ჟონგლიორი	zhongliori
palhaço (m)	ჯამბაზი	jambazi
acrobata (m)	აკრობატი	ak'robat'i
mágico (m)	ფოკუსნიკი	pok'usnik'i

92. Várias profissões

médico (m)	ექიმი	ekimi
enfermeira (f)	მედდა	medda
psiquiatra (m)	ფსიქიატრი	psikiat'ri
estomatologista (m)	სტომატოლოგი	st'omat'ologi
cirurgião (m)	ქირურგი	kirurgi
astronauta (m)	ასტრონავტი	ast'ronavt'i
astrónomo (m)	ასტრონომი	ast'ronomi

motorista (m)	მძღოლი	mdzgholi
maquinista (m)	მემანქანე	memankane
mecânico (m)	მექანიკოსი	mekanik'osi
mineiro (m)	მეშახტე	meshakht'e
operário (m)	მუშა	musha
serralheiro (m)	ზეინკალი	zeink'ali
marceneiro (m)	დურგალი	durgali
torneiro (m)	ხარატი	kharat'i
construtor (m)	მშენებელი	mshenebeli
soldador (m)	შემდუღებელი	shemdughebeli
professor (m) catedrático	პროფესორი	p'ropesori
arquiteto (m)	არქიტექტორი	arkit'ekt'ori
historiador (m)	ისტორიკოსი	ist'orik'osi
cientista (m)	მეცნიერი	metsnieri
físico (m)	ფიზიკოსი	pizik'osi
químico (m)	ქიმიკოსი	kimik'osi
arqueólogo (m)	არქეოლოგი	arkeologi
geólogo (m)	გეოლოგი	geologi
pesquisador (cientista)	მკვლევარი	mk'vlevari
babysitter (f)	ძიძა	dzidza
professor (m)	პედაგოგი	p'edagogi
redator (m)	რედაქტორი	redakt'ori
redator-chefe (m)	მთავარი რედაქტორი	mtavari redakt'ori
correspondente (m)	კორესპონდენტი	k'oresp'ondent'i
datilógrafa (f)	მბეჭდავი	mbech'davi
designer (m)	დიზაინერი	dizaineri
especialista (m) em informática	კომპიუტერის სპეციალისტი	k'omp'iut'eris sp'etsialist'i
programador (m)	პროგრამისტი	p'rogramist'i
engenheiro (m)	ინჟინერი	inzhineri
marujo (m)	მეზღვაური	mezghvauri
marinheiro (m)	მატროსი	mat'rosi
salvador (m)	მაშველი	mashveli
bombeiro (m)	მეხანძრე	mekhandzre
polícia (m)	პოლიციელი	p'olitsieli
guarda-noturno (m)	დარაჯი	daraji
detetive (m)	მაძებარი	madzebari
funcionário (m) da alfândega	მებაჟე	mebazhe
guarda-costas (m)	მცველი	mtsveli
guarda (m) prisional	მეთვალყურე	metvalqure
inspetor (m)	ინსპექტორი	insp'ekt'ori
desportista (m)	სპორტსმენი	sp'ort'smeni
treinador (m)	მწვრთნელი	mts'vrtneli
talhante (m)	ყასაბი	qasabi
sapateiro (m)	მეჩექმე	mechekme
comerciante (m)	კომერსანტი	k'omersant'i

carregador (m)	მტვირთავი	mt'virtavi
estilista (m)	მოდელიერი	modelieri
modelo (f)	მოდელი	modeli

93. Ocupações. Estatuto social

aluno, escolar (m)	სკოლის მოსწავლე	sk'olis mosts'avle
estudante (~ universitária)	სტუდენტი	st'udent'i
filósofo (m)	ფილოსოფოსი	pilosoposi
economista (m)	ეკონომისტი	ek'onomist'i
inventor (m)	გამომგონებელი	gamomgonebeli
desempregado (m)	უმუშევარი	umushevari
reformado (m)	პენსიონერი	p'ensioneri
espião (m)	ჯაშუში	jashushi
preso (m)	პატიმარი	p'at'imari
grevista (m)	გაფიცული	gapitsuli
burocrata (m)	ბიუროკრატი	biurok'rat'i
viajante (m)	მოგზაური	mogzauri
homossexual (m)	ჰომოსექსუალისტი	homoseksualist'i
hacker (m)	ჰაკერი	hak'eri
hippie	ჰიპი	hip'i
bandido (m)	ბანდიტი	bandit'i
assassino (m) a soldo	დაქირავებული მკვლელი	dakiravebuli mk'vleli
toxicodependente (m)	ნარკომანი	nark'omani
traficante (m)	ნარკოტიკებით მოვაჭრე	nark'ot'ik'ebit movach're
prostituta (f)	მეძავი	medzavi
chulo (m)	სუტენიორი	sut'eniori
bruxo (m)	ჯადოსანი	jadosani
bruxa (f)	ჯადოსანი	jadosani
pirata (m)	მეკობრე	mek'obre
escravo (m)	მონა	mona
samurai (m)	სამურაი	samurai
selvagem (m)	ველური	veluri

Educação

94. Escola

escola (f)	სკოლა	sk'ola
diretor (m) de escola	სკოლის დირექტორი	sk'olis direkt'ori
aluno (m)	მოწაფე	mots'ape
aluna (f)	მოწაფე	mots'ape
escolar (m)	სკოლის მოსწავლე	sk'olis mosts'avle
escolar (f)	სკოლის მოსწავლე	sk'olis mosts'avle
ensinar (vt)	სწავლება	sts'avleba
aprender (vt)	სწავლა	sts'avla
aprender de cor	ზეპირად სწავლა	zep'irad sts'avla
estudar (vi)	სწავლა	sts'avla
andar na escola	სწავლა	sts'avla
ir à escola	სკოლაში სვლა	sk'olashi svla
alfabeto (m)	ანბანი	anbani
disciplina (f)	საგანი	sagani
sala (f) de aula	კლასი	k'lasi
lição (f)	გაკვეთილი	gak'vetili
recreio (m)	შესვენება	shesveneba
toque (m)	ზარი	zari
carteira (f)	მერხი	merkhi
quadro (m) negro	დაფა	dapa
nota (f)	ნიშანი	nishani
boa nota (f)	კარგი ნიშანი	k'argi nishani
nota (f) baixa	ცუდი ნიშანი	tsudi nishani
dar uma nota	ნიშნის დაწერა	nishnis dats'era
erro (m)	შეცდომა	shetsdoma
fazer erros	შეცდომის დაშვება	shetsdomis dashveba
corrigir (vt)	გამოსწორება	gamosts'oreba
cábula (f)	შპარგალკა	shp'argalk'a
dever (m) de casa	საშინაო დავალება	sashinao davaleba
exercício (m)	სავარჯიშო	savarjisho
estar presente	დასწრება	dasts'reba
estar ausente	არდასწრება	ardasts'reba
faltar às aulas	გაკვეთილების გაცდენა	gak'vetilebis gatsdena
punir (vt)	დასჯა	dasja
punição (f)	სასჯელი	sasjeli
comportamento (m)	ყოფაქცევა	qopaktseva

boletim (m) escolar	დღიური	dghiuri
lápis (m)	ფანქარი	pankari
borracha (f)	საშლელი	sashleli
giz (m)	ცარცი	tsartsi
estojo (m)	საკალმე	sak'alme
pasta (f) escolar	ჩანთა	chanta
caneta (f)	კალმისტარი	k'almist'ari
caderno (m)	რვეული	rveuli
manual (m) escolar	სახელმძღვანელო	sakhelmdzghvanelo
compasso (m)	ფარგალი	pargali
traçar (vt)	ხაზვა	khazva
desenho (m) técnico	ნახაზი	nakhazi
poesia (f)	ლექსი	leksi
de cor	ზეპირად	zep'irad
aprender de cor	ზეპირად სწავლა	zep'irad sts'avla
férias (f pl)	არდადეგები	ardadegebi
estar de férias	არდადეგებზე ყოფნა	ardadegebze qopna
passar as férias	არდადეგების გატარება	ardadegebis gat'areba
teste (m)	საკონტროლო სამუშაო	sak'ont'rolo samushao
composição, redação (f)	თხზულება	tkhzuleba
ditado (m)	კარნახი	k'arnakhi
exame (m)	გამოცდა	gamotsda
fazer exame	გამოცდების ჩაბარება	gamotsdebis chabareba
experiência (~ química)	ცდა	tsda

95. Colégio. Universidade

academia (f)	აკადემია	ak'ademia
universidade (f)	უნივერსიტეტი	universit'et'i
faculdade (f)	ფაკულტეტი	pak'ult'et'i
estudante (m)	სტუდენტი	st'udent'i
estudante (f)	სტუდენტი	st'udent'i
professor (m)	მასწავლებელი	masts'avlebeli
sala (f) de palestras	აუდიტორია	audit'oria
graduado (m)	კურსდამთავრებული	k'ursdamtavrebuli
diploma (m)	დიპლომი	dip'lomi
tese (f)	დისერტაცია	disert'atsia
estudo (obra)	გამოკვლევა	gamok'vleva
laboratório (m)	ლაბორატორია	laborat'oria
palestra (f)	ლექცია	lektsia
colega (m) de curso	თანაკურსელი	tanak'urseli
bolsa (f) de estudos	სტიპენდია	st'ip'endia
grau (m) académico	სამეცნიერო ხარისხი	sametsniero khariskhi

96. Ciências. Disciplinas

matemática (f)	მათემატიკა	matemat'ik'a
álgebra (f)	ალგებრა	algebra
geometria (f)	გეომეტრია	geomet'ria
astronomia (f)	ასტრონომია	ast'ronomia
biologia (f)	ბიოლოგია	biologia
geografia (f)	გეოგრაფია	geograpia
geologia (f)	გეოლოგია	geologia
história (f)	ისტორია	ist'oria
medicina (f)	მედიცინა	meditsina
pedagogia (f)	პედაგოგიკა	p'edagogik'a
direito (m)	სამართალი	samartali
física (f)	ფიზიკა	pizik'a
química (f)	ქიმია	kimia
filosofia (f)	ფილოსოფია	pilosopia
psicologia (f)	ფსიქოლოგია	psikologia

97. Sistema de escrita. Ortografia

gramática (f)	გრამატიკა	gramat'ik'a
vocabulário (m)	ლექსიკა	leksik'a
fonética (f)	ფონეტიკა	ponet'ik'a
substantivo (m)	არსებითი სახელი	arsebiti sakheli
adjetivo (m)	ზედსართავი სახელი	zedsartavi sakheli
verbo (m)	ზმნა	zmna
advérbio (m)	ზმნიზედა	zmnizeda
pronome (m)	ნაცვალსახელი	natsvalsakheli
interjeição (f)	შორისდებული	shorisdebuli
preposição (f)	წინდებული	ts'indebuli
raiz (f) da palavra	სიტყვის ძირი	sit'qvis dziri
terminação (f)	დაბოლოება	daboloeba
prefixo (m)	წინსართი	ts'insarti
sílaba (f)	მარცვალი	martsvali
sufixo (m)	სუფიქსი	supiksi
acento (m)	მახვილი	makhvili
apóstrofo (m)	აპოსტროფი	ap'ost'ropi
ponto (m)	წერტილი	ts'ert'ili
vírgula (f)	მძიმე	mdzime
ponto e vírgula (m)	წერტილ-მძიმე	ts'ert'il-mdzime
dois pontos (m pl)	ორწერტილი	orts'ert'ili
reticências (f pl)	მრავალწერტილი	mravalts'ert'ili
ponto (m) de interrogação	კითხვის ნიშანი	k'itkhvis nishani
ponto (m) de exclamação	ძახილის ნიშანი	dzakhilis nishani

aspas (f pl)	ბრჭყალები	brch'qalebi
entre aspas	ბრჭყალებში	brch'qalebshi
parênteses (m pl)	ფრჩხილები	prchkhilebi
entre parênteses	ფრჩხილებში	prchkhilebshi
hífen (m)	დეფისი	depisi
travessão (m)	ტირე	t'ire
espaço (m)	შუალედი	shualedi
letra (f)	ასო	aso
letra (f) maiúscula	დიდი ასო	didi aso
vogal (f)	ხმოვანი ბგერა	khmovani bgera
consoante (f)	თანხმოვანი ბგერა	tankhmovani bgera
frase (f)	წინადადება	ts'inadadeba
sujeito (m)	ქვემდებარე	kvemdebare
predicado (m)	შემასმენელი	shemasmeneli
linha (f)	სტრიქონი	st'rikoni
em uma nova linha	ახალი სტრიქონიდან	akhali st'rikonidan
parágrafo (m)	აბზაცი	abzatsi
palavra (f)	სიტყვა	sit'qva
grupo (m) de palavras	შესიტყვება	shesit'qveba
expressão (f)	გამოთქმა	gamotkma
sinónimo (m)	სინონიმი	sinonimi
antónimo (m)	ანტონიმი	ant'onimi
regra (f)	წესი	ts'esi
exceção (f)	გამონაკლისი	gamonak'lisi
correto	სწორი	sts'ori
conjugação (f)	უღლება	ughleba
declinação (f)	ბრუნება	bruneba
caso (m)	ბრუნვა	brunva
pergunta (f)	კითხვა	k'itkhva
sublinhar (vt)	ხაზის გასმა	khazis gasma
linha (f) pontilhada	პუნქტირი	p'unkt'iri

98. Línguas estrangeiras

língua (f)	ენა	ena
estrangeiro	უცხო	utskho
estudar (vt)	შესწავლა	**shests'avla**
aprender (vt)	სწავლა	sts'avla
ler (vt)	კითხვა	k'itkhva
falar (vi)	ლაპარაკი	lap'arak'i
compreender (vt)	გაგება	gageba
escrever (vt)	წერა	ts'era
rapidamente	სწრაფად	sts'rapad
devagar	ნელა	nela

fluentemente	თავისუფლად	tavisuplad
regras (f pl)	წესები	ts'esebi
gramática (f)	გრამატიკა	gramat'ik'a
vocabulário (m)	ლექსიკა	leksik'a
fonética (f)	ფონეტიკა	ponet'ik'a
manual (m) escolar	სახელმძღვანელო	sakhelmdzghvanelo
dicionário (m)	ლექსიკონი	leksik'oni
manual (m) de autoaprendizagem	თვითმასწავლებელი	tvitmasts'avlebeli
guia (m) de conversação	სასაუბრო	sasaubro
cassete (f)	კასეტი	k'aset'i
vídeo cassete (m)	ვიდეოკასეტი	videok'aset'i
CD (m)	კომპაქტური დისკი	k'omp'akt'uri disk'i
DVD (m)	დივიდი	dividi
alfabeto (m)	ანბანი	anbani
soletrar (vt)	ასოებით გამოთქმა	asoebit gamotkma
pronúncia (f)	წარმოთქმა	ts'armotkma
sotaque (m)	აქცენტი	aktsent'i
com sotaque	აქცენტით	aktsent'it
sem sotaque	უაქცენტოდ	uaktsent'od
palavra (f)	სიტყვა	sit'qva
sentido (m)	მნიშვნელობა	mnishvneloba
cursos (m pl)	კურსები	k'ursebi
inscrever-se (vr)	ჩაწერა	chats'era
professor (m)	მასწავლებელი	masts'avlebeli
tradução (processo)	თარგმნა	targmna
tradução (texto)	თარგმანი	targmani
tradutor (m)	მთარგმნელი	mtargmneli
intérprete (m)	თარჯიმანი	tarjimani
poliglota (m)	პოლიგლოტი	p'oliglot'i
memória (f)	მეხსიერება	mekhsiereba

Descanso. Entretenimento. Viagens

99. Viagens

turismo (m)	ტურიზმი	t'urizmi
turista (m)	ტურისტი	t'urist'i
viagem (f)	მოგზაურობა	mogzauroba
aventura (f)	თავგადასავალი	tavgadasavali
viagem (f)	ხანმოკლე მოგზაურობა	khanmok'le mogzauroba
férias (f pl)	შვებულება	shvebuleba
estar de férias	შვებულებაში ყოფნა	shvebulebashi qopna
descanso (m)	დასვენება	dasveneba
comboio (m)	მატარებელი	mat'arebeli
de comboio (chegar ~)	მატარებლით	mat'areblit
avião (m)	თვითმფრინავი	tvitmprinavi
de avião	თვითმფრინავით	tvitmprinavit
de carro	ავტომობილით	avt'omobilit
de navio	გემით	gemit
bagagem (f)	ბარგი	bargi
mala (f)	ჩემოდანი	chemodani
carrinho (m)	ურიკა	urik'a
passaporte (m)	პასპორტი	p'asp'ort'i
visto (m)	ვიზა	viza
bilhete (m)	ბილეთი	bileti
bilhete (m) de avião	ავიაბილეთი	aviabileti
guia (m) de viagem	მეგზური	megzuri
mapa (m)	რუკა	ruk'a
local (m), area (f)	ადგილი	adgili
lugar, sítio (m)	ადგილი	adgili
exotismo (m)	ეგზოტიკა	egzot'ik'a
exótico	ეგზოტიკური	egzot'ik'uri
surpreendente	საოცარი	saotsari
grupo (m)	ჯგუფი	jgupi
excursão (f)	ექსკურსია	eksk'ursia
guia (m)	ექსკურსიის მძღოლი	eksk'ursiis mdzgholi

100. Hotel

hotel (m)	სასტუმრო	sast'umro
motel (m)	მოტელი	mot'eli
três estrelas	სამი ვარსკვლავი	sami varsk'vlavi

cinco estrelas	ხუთი ვარსკვლავი	khuti varsk'vlavi
ficar (~ num hotel)	გაჩერება	gachereba
quarto (m)	ნომერი	nomeri
quarto (m) individual	ერთადგილიანი ნომერი	ertadgiliani nomeri
quarto (m) duplo	ორადგილიანი ნომერი	oradgiliani nomeri
reservar um quarto	ნომერის დაჯავშნა	nomeris dajavshna
meia pensão (f)	ნახევარპანსიონი	nakhevarp'ansioni
pensão (f) completa	სრული პანსიონი	sruli p'ansioni
com banheira	საბაზანოთი	saabazanoti
com duche	შხაპით	shkhap'it
televisão (m) satélite	თანამგზავრული ტელევიზია	tanamgzavruli t'elevizia
ar (m) condicionado	კონდიციონერი	k'onditsioneri
toalha (f)	პირსახოცი	p'irsakhotsi
chave (f)	გასაღები	gasaghebi
administrador (m)	ადმინისტრატორი	administ'rat'ori
camareira (f)	მოახლე	moakhle
bagageiro (m)	მებარგული	mebarguli
porteiro (m)	პორტიე	p'ort'ie
restaurante (m)	რესტორანი	rest'orani
bar (m)	ბარი	bari
pequeno-almoço (m)	საუზმე	sauzme
jantar (m)	ვახშამი	vakhshami
buffet (m)	შვედური მაგიდა	shveduri magida
hall (m) de entrada	ვესტიბიული	vest'ibiuli
elevador (m)	ლიფტი	lipt'i
NÃO PERTURBE	ნუ შემაწუხებთ	nu shemats'ukhebt
PROIBIDO FUMAR!	ნუ მოსწევთ!	nu mosts'evt!

EQUIPAMENTO TÉCNICO. TRANSPORTES

Equipamento técnico. Transportes

101. Computador

computador (m)	კომპიუტერი	k'omp'iut'eri
portátil (m)	ნოუთბუკი	noutbuk'i
ligar (vt)	ჩართვა	chartva
desligar (vt)	გამორთვა	gamortva
teclado (m)	კლავიატურა	k'laviat'ura
tecla (f)	კლავიში	k'lavishi
rato (m)	თაგუნა	taguna
tapete (m) de rato	ქვეშსადები	kveshsadebi
botão (m)	ღილაკი	ghilak'i
cursor (m)	კურსორი	k'ursori
monitor (m)	მონიტორი	monit'ori
ecrã (m)	ეკრანი	ek'rani
disco (m) rígido	მყარი დისკი	mqari disk'i
capacidade (f) do disco rígido	მყარი დისკის მოცულობა	mqari disk'is motsuloba
memória (f)	მეხსიერება	mekhsiereba
memória RAM (f)	ოპერატიული მეხსიერება	op'erat'iuli mekhsiereba
ficheiro (m)	ფაილი	paili
pasta (f)	საქაღალდე	sakaghalde
abrir (vt)	გახსნა	gakhsna
fechar (vt)	დახურვა	dakhurva
guardar (vt)	შენახვა	shenakhva
apagar, eliminar (vt)	წაშლა	ts'ashla
copiar (vt)	კოპირება	k'op'ireba
ordenar (vt)	სორტირება	sort'ireba
copiar (vt)	გადაწერა	gadats'era
programa (m)	პროგრამა	p'rograma
software (m)	პროგრამული უზრუნველყოფა	p'rogramuli uzrunvelqopa
programador (m)	პროგრამისტი	p'rogramist'i
programar (vt)	პროგრამირება	p'rogramireba
hacker (m)	ჰაკერი	hak'eri
senha (f)	პაროლი	p'aroli
vírus (m)	ვირუსი	virusi
detetar (vt)	აღმოჩენა	aghmochena

byte (m)	ბაიტი	bait'i
megabyte (m)	მეგაბაიტი	megabait'i
dados (m pl)	მონაცემები	monatsemebi
base (f) de dados	მონაცემთა ბაზა	monatsemta baza
cabo (m)	კაბელი	k'abeli
desconectar (vt)	მოცილება	motsileba
conetar (vt)	შეერთება	sheerteba

102. Internet. E-mail

internet (f)	ინტერნეტი	int'ernet'i
browser (m)	ბრაუზერი	brauzeri
motor (m) de busca	საძიებო რესურსი	sadziebo resursi
provedor (m)	პროვაიდერი	p'rovaideri
webmaster (m)	ვებ-მასტერი	veb-mast'eri
website, sítio web (m)	ვებ-საიტი	veb-sait'i
página (f) web	ვებ-გვერდი	veb-gverdi
endereço (m)	მისამართი	misamarti
livro (m) de endereços	სამისამართო წიგნაკი	samisamarto ts'ignak'i
caixa (f) de correio	საფოსტო ყუთი	sapost'o quti
correio (m)	ფოსტა	post'a
cheia (caixa de correio)	გავსებული	gavsebuli
mensagem (f)	შეტყობინება	shet'qobineba
mensagens (f pl) recebidas	შემავალი შეტყობინებები	shemavali shet'qobinebebi
mensagens (f pl) enviadas	გამავალი შეტყობინებები	gamavali shet'qobinebebi
remetente (m)	გამგზავნი	gamgzavni
enviar (vt)	გაგზავნა	gagzavna
envio (m)	გაგზავნა	gagzavna
destinatário (m)	მიმღები	mimghebi
receber (vt)	მიღება	migheba
correspondência (f)	მიმოწერა	mimots'era
corresponder-se (vr)	მიმოწერის ქონა	mimots'eris kona
ficheiro (m)	ფაილი	paili
fazer download, baixar	ჩამოტვირთვა	chamot'virtva
criar (vt)	შექმნა	shekmna
apagar, eliminar (vt)	წაშლა	ts'ashla
eliminado	წაშლილი	ts'ashlili
conexão (f)	კავშირი	k'avshiri
velocidade (f)	სიჩქარე	sichkare
modem (m)	მოდემი	modemi
acesso (m)	შეღწევა	sheghts'eva
porta (f)	პორტი	p'ort'i
conexão (f)	ჩართვა	chartva

conetar (vi)	ჩართვა	chartva
escolher (vt)	არჩევა	archeva
buscar (vt)	ძებნა	dzebna

103. Eletricidade

eletricidade (f)	ელექტრობა	elekt'roba
elétrico	ელექტრული	elekt'ruli
central (f) elétrica	ელექტროსადგური	elekt'rosadguri
energia (f)	ენერგია	energia
energia (f) elétrica	ელექტროენერგია	elekt'roenergia
lâmpada (f)	ნათურა	natura
lanterna (f)	ფარანი	parani
poste (m) de iluminação	ფარანი	parani
luz (f)	შუქი	shuki
ligar (vt)	ჩართვა	chartva
desligar (vt)	გამორთვა	gamortva
apagar a luz	შუქის ჩაქრობა	shukis chakroba
fundir (vi)	გადაწვა	gadats'va
curto-circuito (m)	მოკლე ჩართვა	mok'le chartva
rutura (f)	გაწყვეტა	gats'qvet'a
contacto (m)	კონტაქტი	k'ont'akt'i
interruptor (m)	ამომრთველი	amomrtveli
tomada (f)	როზეტი	rozet'i
ficha (f)	ჩანგალი	changali
extensão (f)	დამაგრძელებელი	damagrdzelebeli
fusível (m)	დამცველი	damtsveli
fio, cabo (m)	სადენი	sadeni
instalação (f) elétrica	გაყვანილობა	gaqvaniloba
ampere (m)	ამპერი	amp'eri
amperagem (f)	დენის ძალა	denis dzala
volt (m)	ვოლტი	volt'i
voltagem (f)	ძაბვა	dzabva
aparelho (m) elétrico	ელექტროხელსაწყო	elekt'rokhelsats'qo
indicador (m)	ინდიკატორი	indik'at'ori
eletricista (m)	ელექტრიკოსი	elekt'rik'osi
soldar (vt)	რჩილვა	rchilva
ferro (m) de soldar	სარჩილავი	sarchilavi
corrente (f) elétrica	დენი	deni

104. Ferramentas

ferramenta (f)	ხელსაწყო	khelsats'qo
ferramentas (f pl)	ხელსაწყოები	khelsats'qoebi

equipamento (m)	მოწყობილობა	mots'qobiloba
martelo (m)	ჩაქუჩი	chakuchi
chave (f) de fendas	სახრახნისი	sakhrakhnisi
machado (m)	ნაჯახი	najakhi

serra (f)	ხერხი	kherkhi
serrar (vt)	ხერხვა	kherkhva
plaina (f)	შალაშინი	shalashini
aplainar (vt)	გაშალაშინება	gashalashineba
ferro (m) de soldar	სარჩილავი	sarchilavi
soldar (vt)	რჩილვა	rchilva

lima (f)	ქლიბი	klibi
tenaz (f)	გაზი	gazi
alicate (m)	ბრტყელტუჩა	brt'qelt'ucha
formão (m)	ხვეწი	khvets'i

broca (f)	ბურღი	burghi
berbequim (f)	დრელი	dreli
furar (vt)	გაბურღვა	gaburghva

faca (f)	დანა	dana
lâmina (f)	პირი	p'iri

afiado	ბასრი	basri
cego	ბლაგვი	blagvi
embotar-se (vr)	დაბლაგვება	dablagveba
afiar, amolar (vt)	ლესვა	lesva

parafuso (m)	ჭანჭიკი	ch'anch'ik'i
porca (f)	ქანჩი	kanchi
rosca (f)	კუთხვილი	k'utkhvili
parafuso (m) para madeira	სჭვალი	sch'vali

prego (m)	ლურსმანი	lursmani
cabeça (f) do prego	თავი	tavi

régua (f)	სახაზავი	sakhazavi
fita (f) métrica	რულეტი	rulet'i
nível (m)	თარაზო	tarazo
lupa (f)	ლუპა	lup'a

medidor (m)	საზომი ხელსაწყო	sazomi khelsats'qo
medir (vt)	გაზომვა	gazomva
escala (f)	შკალა	shk'ala
indicação (f), registo (m)	ჩვენება	chveneba

compressor (m)	კომპრესორი	k'omp'resori
microscópio (m)	მიკროსკოპი	mik'rosk'op'i

bomba (f)	ტუმბო	t'umbo
robô (m)	რობოტი	robot'i
laser (m)	ლაზერი	lazeri

chave (f) de boca	ქანჩის გასაღები	kanchis gasaghebi
fita (f) adesiva	სკოტჩის ლენტი	sk'ot'chis lent'i

cola (f)	წებო	ts'ebo
lixa (f)	ზუმფარის ქაღალდი	zumparis kaghaldi
mola (f)	ზამბარა	zambara
íman (m)	მაგნიტი	magnit'i
luvas (f pl)	ხელთათმანები	kheltatmanebi

corda (f)	თოკი	tok'i
cordel (m)	ზონარი	zonari
fio (m)	სადენი	sadeni
cabo (m)	კაბელი	k'abeli

marreta (f)	სანგი	sangi
pé de cabra (m)	ძალაყინი	dzalaqini
escada (f) de mão	კიბე	k'ibe
escadote (m)	პწკალა	p'ts'k'ala

enroscar (vt)	მოჭერა	moch'era
desenroscar (vt)	მოშვება	moshveba
apertar (vt)	მოჭერა	moch'era
colar (vt)	მიწებება	mits'ebeba
cortar (vt)	ჭრა	ch'ra

falha (mau funcionamento)	გაუმართაობა	gaumartaoba
conserto (m)	შეკეთება	shek'eteba
consertar, reparar (vt)	გარემონტება	garemont'eba
regular, ajustar (vt)	მოწესრიგება	mots'esrigeba

verificar (vt)	შემოწმება	shemots'meba
verificação (f)	შემოწმება	shemots'meba
indicação (f), registo (m)	ჩვენება	chveneba

seguro	საიმედო	saimedo
complicado	რთული	rtuli

enferrujar (vi)	დაჟანგვა	dazhangva
enferrujado	დაჟანგული	dazhanguli
ferrugem (f)	ჟანგი	zhangi

Transportes

105. Avião

avião (m)	თვითმფრინავი	tvitmprinavi
bilhete (m) de avião	ავიაბილეთი	aviabileti
companhia (f) aérea	ავიაკომპანია	aviak'omp'ania
aeroporto (m)	აეროპორტი	aerop'ort'i
supersónico	ზებგერითი	zebgeriti
comandante (m) do avião	ხომალდის მეთაური	khomaldis metauri
tripulação (f)	ეკიპაჟი	ek'ip'azhi
piloto (m)	პილოტი	p'ilot'i
hospedeira (f) de bordo	სტიუარდესა	st'iuardesa
copiloto (m)	შტურმანი	sht'urmani
asas (f pl)	ფრთები	prtebi
cauda (f)	კუდი	k'udi
cabine (f) de pilotagem	კაბინა	k'abina
motor (m)	ძრავი	dzravi
trem (m) de aterragem	შასი	shasi
turbina (f)	ტურბინა	t'urbina
hélice (f)	პროპელერი	p'rop'eleri
caixa-preta (f)	შავი ყუთი	shavi quti
coluna (f) de controlo	საჭევრი	sach'evri
combustível (m)	საწვავი	sats'vavi
instruções (f pl) de segurança	ინსტრუქცია	inst'ruktsia
máscara (f) de oxigénio	ჟანგბადის ნიღაბი	zhangbadis nighabi
uniforme (m)	უნიფორმა	uniporma
colete (m) salva-vidas	სამაშველო ჟილეტი	samashvelo zhilet'i
paraquedas (m)	პარაშუტი	p'arashut'i
descolagem (f)	აფრენა	aprena
descolar (vi)	აფრენა	aprena
pista (f) de descolagem	ასაფრენი ზოლი	asapreni zoli
visibilidade (f)	ხილვადობა	khilvadoba
voo (m)	ფრენა	prena
altura (f)	სიმაღლე	simaghle
poço (m) de ar	ჰაერის ორმო	haeris ormo
assento (m)	ადგილი	adgili
auscultadores (m pl)	საყურისი	saqurisi
mesa (f) rebatível	გადასაწევი მაგიდა	gadasats'evi magida
vigia (f)	ილუმინატორი	iluminat'ori
passagem (f)	გასასვლელი	gasasvleli

106. Comboio

comboio (m)	მატარებელი	mat'arebeli
comboio (m) suburbano	ელექტრომატარებელი	elekt'romat'arebeli
comboio (m) rápido	ჩქაროსნული მატარებელი	chkarosnuli mat'arebeli
locomotiva (f) diesel	თბომავალი	tbomavali
locomotiva (f) a vapor	ორთქლმავალი	ortklmavali
carruagem (f)	ვაგონი	vagoni
carruagem restaurante (f)	ვაგონი-რესტორანი	vagoni-rest'orani
carris (m pl)	რელსი	relsi
caminho de ferro (m)	რკინიგზა	rk'inigza
travessa (f)	შპალი	shp'ali
plataforma (f)	პლატფორმა	p'latporma
linha (f)	ლიანდაგი	liandagi
semáforo (m)	სემაფორი	semapori
estação (f)	სადგური	sadguri
maquinista (m)	მემანქანე	memankane
bagageiro (m)	მებარგული	mebarguli
hospedeiro, -a (da carruagem)	გამყოლი	gamqoli
passageiro (m)	მგზავრი	mgzavri
revisor (m)	კონტროლიორი	k'ont'roliori
corredor (m)	დერეფანი	derepani
freio (m) de emergência	სტოპ-კრანი	st'op'-k'rani
compartimento (m)	კუპე	k'up'e
cama (f)	თარო	taro
cama (f) de cima	ზედა თარო	zeda taro
cama (f) de baixo	ქვედა თარო	kveda taro
roupa (f) de cama	თეთრეული	tetreuli
bilhete (m)	ბილეთი	bileti
horário (m)	განრიგი	ganrigi
painel (m) de informação	ტაბლო	t'ablo
partir (vt)	გასვლა	gasvla
partida (f)	გამგზავრება	gamgzavreba
chegar (vi)	ჩამოსვლა	chamosvla
chegada (f)	ჩამოსვლა	chamosvla
chegar de comboio	მატარებლით მოსვლა	mat'areblit mosvla
apanhar o comboio	მატარებელში ჩაჯდომა	mat'arebelshi chajdoma
sair do comboio	მატარებლიდან ჩამოსვლა	mat'areblidan chamosvla
acidente (m) ferroviário	მარცხი	martskhi
descarrilar (vi)	რელსებიდან გადასვლა	relsebidan gadasvla
locomotiva (f) a vapor	ორთქლმავალი	ortklmavali
fogueiro (m)	ცეცხლფარეში	tsetskhlpareshi
fornalha (f)	საცეცხლე	satsetskhle
carvão (m)	ნახშირი	nakhshiri

107. Barco

navio (m)	გემი	gemi
embarcação (f)	ხომალდი	khomaldi
vapor (m)	ორთქლმავალი	ortklmavali
navio (m)	თბომავალი	tbomavali
transatlântico (m)	ლაინერი	laineri
cruzador (m)	კრეისერი	k'reiseri
iate (m)	იახტა	iakht'a
rebocador (m)	ბუქსირი	buksiri
barcaça (f)	ბარჟა	barzha
ferry (m)	ბორანი	borani
veleiro (m)	იალქნიანი გემი	ialkniani gemi
bergantim (m)	ბრიგანტინა	brigant'ina
quebra-gelo (m)	ყინულმჭრელი	qinulmch'reli
submarino (m)	წყალქვეშა ნავი	ts'qalkvesha navi
bote, barco (m)	ნავი	navi
bote, dingue (m)	კანჯო	k'anjo
bote (m) salva-vidas	მაშველი კანჯო	mashveli k'anjo
lancha (f)	კატარღა	k'at'argha
capitão (m)	კაპიტანი	k'ap'it'ani
marinheiro (m)	მატროსი	mat'rosi
marujo (m)	მეზღვაური	mezghvauri
tripulação (f)	ეკიპაჟი	ek'ip'azhi
contramestre (m)	ბოცმანი	botsmani
grumete (m)	იუნგა	iunga
cozinheiro (m) de bordo	კოკი	k'ok'i
médico (m) de bordo	გემის ექიმი	gemis ekimi
convés (m)	გემბანი	gembani
mastro (m)	ანძა	andza
vela (f)	იალქანი	ialkani
porão (m)	ტრიუმი	t'riumi
proa (f)	ცხვირი	tskhviri
popa (f)	კიჩო	k'icho
remo (m)	ნიჩაბი	nichabi
hélice (f)	ხრახნი	khrakhni
camarote (m)	კაიუტა	k'aiut'a
sala (f) dos oficiais	კაიუტკომპანია	k'aiut'k'omp'ania
sala (f) das máquinas	სამანქანო განყოფილება	samankano ganqopileba
ponte (m) de comando	კაპიტნის ხიდურა	k'ap'it'nis khidura
sala (f) de comunicações	რადიოჯიხური	radiojikhuri
onda (f) de rádio	ტალღა	t'algha
diário (m) de bordo	გემის ჟურნალი	gemis zhurnali
luneta (f)	ჭოგრი	ch'ogri
sino (m)	ზარი	zari

bandeira (f)	დროშა	drosha
cabo (m)	ბაგირი	bagiri
nó (m)	კვანძი	k'vandzi
corrimão (m)	სახელური	sakheluri
prancha (f) de embarque	ტრაპი	t'rap'i
âncora (f)	ღუზა	ghuza
recolher a âncora	ღუზის ამოწევა	ghuzis amots'eva
lançar a âncora	ღუზის ჩაშვება	ghuzis chashveba
amarra (f)	ღუზის ჯაჭვი	ghuzis jach'vi
porto (m)	ნავსადგური	navsadguri
cais, amarradouro (m)	მისადგომი	misadgomi
atracar (vi)	მიდგომა	midgoma
desatracar (vi)	ნაპირს მოცილება	nap'irs motsileba
viagem (f)	მოგზაურობა	mogzauroba
cruzeiro (m)	კრუიზი	k'ruizi
rumo (m), rota (f)	კურსი	k'ursi
itinerário (m)	მარშრუტი	marshrut'i
canal (m) navegável	ფარვატერი	parvat'eri
banco (m) de areia	თავთხელი	tavtkheli
encalhar (vt)	თავთხელზე დაჯდომა	tavtkhelze dajdoma
tempestade (f)	ქარიშხალი	karishkhali
sinal (m)	სიგნალი	signali
afundar-se (vr)	ჩაძირვა	chadzirva
Homem ao mar!	ადამიანი ბორტს იქით!	adamiani bort's ikit!
SOS	სოს	sos
boia (f) salva-vidas	საშველი რგოლი	sashveli rgoli

108. Aeroporto

aeroporto (m)	აეროპორტი	aerop'ort'i
avião (m)	თვითმფრინავი	tvitmprinavi
companhia (f) aérea	ავიაკომპანია	aviak'omp'ania
controlador (m) de tráfego aéreo	დისპეჩერი	disp'echeri
partida (f)	გაფრენა	gaprena
chegada (f)	მოფრენა	moprena
chegar (~ de avião)	მოფრენა	moprena
hora (f) de partida	გაფრენის დრო	gaprenis dro
hora (f) de chegada	მოფრენის დრო	moprenis dro
estar atrasado	დაგვიანება	dagvianeba
atraso (m) de voo	გაფრენის დაგვიანება	gaprenis dagvianeba
painel (m) de informação	საინფორმაციო ტაბლო	sainpormatsio t'ablo
informação (f)	ინფორმაცია	inpormatsia
anunciar (vt)	გამოცხადება	gamotskhadeba

voo (m)	რეისი	reisi
alfândega (f)	საბაჟო	sabazho
funcionário (m) da alfândega	მებაჟე	mebazhe
declaração (f) alfandegária	დეკლარაცია	dek'laratsia
preencher a declaração	დეკლარაციის შევსება	dek'laratsiis shevseba
controlo (m) de passaportes	საპასპორტო კონტროლი	sap'asp'ort'o k'ont'roli
bagagem (f)	ბარგი	bargi
bagagem (f) de mão	ხელის ბარგი	khelis bargi
carrinho (m)	ურიკა	urik'a
aterragem (f)	დაჯდომა	dajdoma
pista (f) de aterragem	დასაფრენი ზოლი	dasapreni zoli
aterrar (vi)	დაჯდომა	dajdoma
escada (f) de avião	ტრაპი	t'rap'i
check-in (m)	რეგისტრაცია	regist'ratsia
balcão (m) do check-in	სარეგისტრაციო დგარი	saregist'ratsio dgari
fazer o check-in	დარეგისტრირება	daregist'rireba
cartão (m) de embarque	ჩასაჯდომი ტალონი	chasajdomi t'aloni
porta (f) de embarque	გასვლა	gasvla
trânsito (m)	ტრანზიტი	t'ranzit'i
esperar (vi, vt)	ლოდინი	lodini
sala (f) de espera	მოსაცდელი დარბაზი	mosatsdeli darbazi
despedir-se de ...	გაცილება	gatsileba
despedir-se (vr)	გამომშვიდობება	gamomshvidobeba

Eventos

109. Férias. Evento

festa (f)	დღესასწაული	dghesasts'auli
festa (f) nacional	ნაციონალური დღესასწაული	natsionaluri dghesasts'auli
feriado (m)	სადღესასწაულო დღე	sadghesasts'aulo dghe
festejar (vt)	ზეიმობა	zeimoba
evento (festa, etc.)	მოვლენა	movlena
evento (banquete, etc.)	ღონისძიება	ghonisdzieba
banquete (m)	ბანკეტი	bank'et'i
receção (f)	მიღება	migheba
festim (m)	ლხინი	lkhini
aniversário (m)	წლისთავი	ts'listavi
jubileu (m)	ზეიმობა	zeimoba
celebrar (vt)	აღნიშვნა	aghnishvna
Ano (m) Novo	ახალი წელი	akhali ts'eli
Feliz Ano Novo!	გილოცავთ ახალ წელს	gilotsavt akhal ts'els
Natal (m)	შობა	shoba
Feliz Natal!	მხიარულ შობას გისურვებთ!	mkhiarul shobas gisurvebt!
árvore (f) de Natal	საშობაო ნაძვის ხე	sashobao nadzvis khe
fogo (m) de artifício	სალიუტი	saliut'i
boda (f)	ქორწილი	korts'ili
noivo (m)	საქმრო	sakmro
noiva (f)	პატარძალი	p'at'ardzali
convidar (vt)	მოწვევა	mots'veva
convite (m)	მოწვევა	mots'veva
convidado (m)	სტუმარი	st'umari
visitar (vt)	სტუმრად წასვლა	st'umrad ts'asvla
receber os hóspedes	სტუმრების დახვედრა	st'umrebis dakhvedra
presente (m)	საჩუქარი	sachukari
oferecer (vt)	ჩუქება	chukeba
receber presentes	საჩუქრების მიღება	sachukrebis migheba
ramo (m) de flores	თაიგული	taiguli
felicitações (f pl)	მილოცვა	milotsva
felicitar (dar os parabéns)	მილოცვა	milotsva
cartão (m) de parabéns	მისალოცი ბარათი	misalotsi barati
enviar um postal	ბარათის გაგზავნა	baratis gagzavna
receber um postal	ბარათის მიღება	baratis migheba

brinde (m)	სადღეგრძელო	sadghegrdzelo
oferecer (vt)	გამასპინძლება	gamasp'indzleba
champanhe (m)	შამპანური	shamp'anuri
divertir-se (vr)	მხიარულობა	mkhiaruloba
diversão (f)	მხიარულება	mkhiaruleba
alegria (f)	სიხარული	sikharuli
dança (f)	ცეკვა	tsek'va
dançar (vi)	ცეკვა	tsek'va
valsa (f)	ვალსი	valsi
tango (m)	ტანგო	t'ango

110. Funerais. Enterro

cemitério (m)	სასაფლაო	sasaplao
sepultura (f), túmulo (m)	სამარე	samare
cruz (f)	ჯვარი	jvari
lápide (f)	საფლავი	saplavi
cerca (f)	ზღუდე	zghude
capela (f)	სამლოცველო	samlotsvelo
morte (f)	სიკვდილი	sik'vdili
morrer (vi)	მოკვდომა	mok'vdoma
defunto (m)	მიცვალებული	mitsvalebuli
luto (m)	გლოვა	glova
enterrar, sepultar (vt)	დაკრძალვა	dak'rdzalva
agência (f) funerária	დამკრძალავი ბიურო	damk'rdzalavi biuro
funeral (m)	დასაფლავება	dasaplaveba
coroa (f) de flores	გვირგვინი	gvirgvini
caixão (m)	კუბო	k'ubo
carro (m) funerário	კატაფალკი	k'at'apalk'i
mortalha (f)	სუდარა	sudara
urna (f) funerária	სამარხი ურნა	samarkhi urna
crematório (m)	კრემატორიუმი	k'remat'oriumi
obituário (m), necrologia (f)	ნეკროლოგი	nek'rologi
chorar (vi)	ტირილი	t'irili
soluçar (vi)	ქვითინი	kvitini

111. Guerra. Soldados

pelotão (m)	ოცეული	otseuli
companhia (f)	ასეული	aseuli
regimento (m)	პოლკი	p'olk'i
exército (m)	არმია	armia
divisão (f)	დივიზიონი	divizioni
destacamento (m)	რაზმი	razmi

hoste (f)	ჯარი	jari
soldado (m)	ჯარისკაცი	jarisk'atsi
oficial (m)	ოფიცერი	opitseri
soldado (m) raso	რიგითი	rigiti
sargento (m)	სერჟანტი	serzhant'i
tenente (m)	ლეიტენანტი	leit'enant'i
capitão (m)	კაპიტანი	k'ap'it'ani
major (m)	მაიორი	maiori
coronel (m)	პოლკოვნიკი	p'olk'ovnik'i
general (m)	გენერალი	generali
marujo (m)	მეზღვაური	mezghvauri
capitão (m)	კაპიტანი	k'ap'it'ani
contramestre (m)	ბოცმანი	botsmani
artilheiro (m)	არტილერისტი	art'ilerist'i
soldado (m) paraquedista	მედესანტე	medesant'e
piloto (m)	მფრინავი	mprinavi
navegador (m)	შტურმანი	sht'urmani
mecânico (m)	მექანიკოსი	mekanik'osi
sapador (m)	მესანგრე	mesangre
paraquedista (m)	პარაშუტისტი	p'arashut'ist'i
explorador (m)	მზვერავი	mzveravi
franco-atirador (m)	სნაიპერი	snaip'eri
patrulha (f)	პატრული	p'at'ruli
patrulhar (vt)	პატრულირება	p'at'rulireba
sentinela (f)	გუშაგი	gushagi
guerreiro (m)	მეომარი	meomari
patriota (m)	პატრიოტი	p'at'riot'i
herói (m)	გმირი	gmiri
heroína (f)	გმირი	gmiri
traidor (m)	მოღალატე	moghalat'e
desertor (m)	დეზერტირი	dezert'iri
desertar (vt)	დეზერტირობა	dezert'iroba
mercenário (m)	დაქირავებული	dakiravebuli
recruta (m)	ახალწვეული	akhalts'veuli
voluntário (m)	მოხალისე	mokhalise
morto (m)	მოკლული	mok'luli
ferido (m)	დაჭრილი	dach'rili
prisioneiro (m) de guerra	ტყვე	t'qve

112. Guerra. Ações militares. Parte 1

guerra (f)	ომი	omi
guerrear (vt)	ბრძოლა	brdzola
guerra (f) civil	სამოქალაქო ომი	samokalako omi
perfidamente	ვერაგულად	veragulad

declaração (f) de guerra	გამოცხადება	gamotskhadeba
declarar (vt) guerra	გამოცხადება	gamotskhadeba
agressão (f)	აგრესია	agresia
atacar (vt)	თავდასხმა	tavdaskhma
invadir (vt)	შეპყრობა	shep'qroba
invasor (m)	დამპყრობელი	damp'qrobeli
conquistador (m)	დამპყრობელი	damp'qrobeli
defesa (f)	თავდაცვა	tavdatsva
defender (vt)	დაცვა	datsva
defender-se (vr)	თავის დაცვა	tavis datsva
inimigo (m)	მტერი	mt'eri
adversário (m)	მოწინააღმდეგე	mots'inaaghmdege
inimigo	მტრის	mt'ris
estratégia (f)	სტრატეგია	st'rat'egia
tática (f)	ტაქტიკა	t'akt'ik'a
ordem (f)	ბრძანება	brdzaneba
comando (m)	ბრძანება	brdzaneba
ordenar (vt)	ბრძანება	brdzaneba
missão (f)	დავალება	davaleba
secreto	საიდუმლო	saidumlo
batalha (f), combate (m)	ბრძოლა	brdzola
ataque (m)	შეტევა	shet'eva
assalto (m)	იერიში	ierishi
assaltar (vt)	იერიშის მიტანა	ierishis mit'ana
assédio, sítio (m)	ალყა	alqa
ofensiva (f)	შეტევა იერიში	shet'eva ierishi
passar à ofensiva	შეტევაზე გადასვლა	shet'evaze gadasvla
retirada (f)	უკუქცევა	uk'uktseva
retirar-se (vr)	უკან დახევა	uk'an dakheva
cerco (m)	ალყა	alqa
cercar (vt)	გარშემორტყმა	garshemort'qma
bombardeio (m)	დაბომბვა	dabombva
lançar uma bomba	ბომბის ჩამოგდება	bombis chamogdeba
bombardear (vt)	ბომბვა	bombva
explosão (f)	აფეთქება	apetkeba
tiro (m)	გასროლა	gasrola
disparar um tiro	გასროლა	gasrola
tiroteio (m)	სროლა	srola
apontar para …	დამიზნება	damizneba
apontar (vt)	დამიზნება	damizneba
acertar (vt)	მოარტყა	moart'qa
afundar (um navio)	ჩაძირვა	chadzirva
brecha (f)	ნახვრეტი	nakhvret'i

afundar-se (vr)	ფსკერისკენ წასვლა	psk'erisk'en ts'asvla
frente (m)	ფრონტი	pront'i
evacuação (f)	ევაკუაცია	evak'uatsia
evacuar (vt)	ევაკუირება	evak'uireba
arame (m) farpado	ეკლიანი მავთული	ek'liani mavtuli
obstáculo (m) anticarro	გადაღობვა	gadaghobva
torre (f) de vigia	კოშკურა	k'oshk'ura
hospital (m)	ჰოსპიტალი	hosp'it'ali
ferir (vt)	დაჭრა	dach'ra
ferida (f)	ჭრილობა	ch'riloba
ferido (m)	დაჭრილი	dach'rili
ficar ferido	ჭრილობის მიღება	ch'rilobis migheba
grave (ferida ~)	მძიმე	mdzime

113. Guerra. Ações militares. Parte 2

cativeiro (m)	ტყვე	t'qve
capturar (vt)	ტყვედ აყვანა	t'qved aqvana
estar em cativeiro	ტყვედ ყოფნა	t'qved qopna
ser aprisionado	ტყვედ ჩავარდნა	t'qved chavardna
campo (m) de concentração	საკონცენტრაციო ბანაკი	sak'ontsent'ratsio banak'i
prisioneiro (m) de guerra	ტყვე	t'qve
escapar (vi)	გაქცევა	gaktseva
trair (vt)	გაცემა	gatsema
traidor (m)	მოღალატე	moghalat'e
traição (f)	გამცემლობა	gamtsemloba
fuzilar, executar (vt)	დახვრეტა	dakhvret'a
fuzilamento (m)	დახვრეტა	dakhvret'a
equipamento (m)	ფორმის ტანსაცმელი	pormis t'ansatsmeli
platina (f)	სამხრეული	samkhreuli
máscara (f) antigás	აირწინაღი	airts'inaghi
rádio (m)	რაცია	ratsia
cifra (f), código (m)	შიფრი	shipri
conspiração (f)	კონსპირაცია	k'onsp'iratsia
senha (f)	პაროლი	p'aroli
mina (f)	ნაღმი	naghmi
minar (vt)	დანაღმვა	danaghmva
campo (m) minado	დანაღმული მინდორი	danaghmuli mindori
alarme (m) aéreo	საჰაერო განგაში	sahaero gangashi
alarme (m)	განგაში	gangashi
sinal (m)	სიგნალი	signali
sinalizador (m)	სასიგნალო რაკეტა	sasignalo rak'et'a
estado-maior (m)	შტაბი	sht'abi
reconhecimento (m)	დაზვერვა	dazverva

situação (f)	ვითარება	vitareba
relatório (m)	ანგარიში	angarishi
emboscada (f)	საფარი	sapari
reforço (m)	გამაგრება	gamagreba
alvo (m)	მიზანი	mizani
campo (m) de tiro	პოლიგონი	p'oligoni
manobras (f pl)	მანევრები	manevrebi
pânico (m)	თავზარი	tavzari
devastação (f)	დაქცევა	daktseva
ruínas (f pl)	ნგრევა	ngreva
destruir (vt)	დანგრევა	dangreva
sobreviver (vi)	გადარჩენა	gadarchena
desarmar (vt)	განიარაღება	ganiaragheba
manusear (vt)	მოპყრობა	mop'qroba
Firmes!	სმენა!	smena!
Descansar!	თავისუფლად!	tavisuplad!
façanha (f)	გმირობა	gmiroba
juramento (m)	ფიცი	pitsi
jurar (vi)	დაფიცება	dapitseba
condecoração (f)	ჯილდო	jildo
condecorar (vt)	დაჯილდოვება	dajildoveba
medalha (f)	მედალი	medali
ordem (f)	ორდენი	ordeni
vitória (f)	გამარჯვება	gamarjveba
derrota (f)	დამარცხება	damartskheba
armistício (m)	ზავი	zavi
bandeira (f)	დროშა	drosha
glória (f)	დიდება	dideba
desfile (m) militar	აღლუმი	aghlumi
marchar (vi)	მარშით სვლა	marshit svla

114. Armas

arma (f)	იარაღი	iaraghi
arma (f) de fogo	ცეცხლსასროლი იარაღი	tsetskhlsasroli iaraghi
arma (f) branca	ცივი იარაღი	tsivi iaraghi
arma (f) química	ქიმიური იარაღი	kimiuri iaraghi
nuclear	ატომური	at'omuri
arma (f) nuclear	ატომური იარაღი	at'omuri iaraghi
bomba (f)	ბომბი	bombi
bomba (f) atómica	ატომური ბომბი	at'omuri bombi
pistola (f)	პისტოლეტი	p'ist'olet'i
caçadeira (f)	თოფი	topi

pistola-metralhadora (f)	ავტომატი	avt'omat'i
metralhadora (f)	ტყვიამფრქვევი	t'qviamprkvevi
boca (f)	ლულა	lula
cano (m)	ლულა	lula
calibre (m)	კალიბრი	k'alibri
gatilho (m)	ჩახმახი	chakhmakhi
mira (f)	სამიზნე	samizne
carregador (m)	სავაზნე კოლოფი	savazne k'olopi
coronha (f)	კონდახი	k'ondakhi
granada (f) de mão	ყუმბარა	qumbara
explosivo (m)	ასაფეთქებელი	asapetkebeli
bala (f)	ტყვია	t'qvia
cartucho (m)	ვაზნა	vazna
carga (f)	მუხტი	mukht'i
munições (f pl)	საბრძოლო მასალა	sabrdzolo masala
bombardeiro (m)	ბომბდამშენი	bombdamsheni
avião (m) de caça	გამანადგურებელი	gamanadgurebeli
helicóptero (m)	ვერტმფრენი	vert'mpreni
canhão (m) antiaéreo	საზენიტო იარაღი	sazenit'o iaraghi
tanque (m)	ტანკი	t'ank'i
canhão (de um tanque)	ქვემეხი	kvemekhi
artilharia (f)	არტილერია	art'ileria
fazer a pontaria	დამიზნება	damizneba
obus (m)	ჭურვი	ch'urvi
granada (f) de morteiro	ნაღმი	naghmi
morteiro (m)	ნაღმტყორცნი	naghmt'qortsni
estilhaço (m)	ნამტვრევი	namt'vrevi
submarino (m)	წყალქვეშა ნავი	ts'qalkvesha navi
torpedo (m)	წყალქვეშა ნაღმი	ts'qalkvesha naghmi
míssil (m)	რაკეტა	rak'et'a
carregar (uma arma)	დატენვა	dat'enva
atirar, disparar (vi)	სროლა	srola
apontar para ...	დამიზნება	damizneba
baioneta (f)	ხიშტი	khisht'i
espada (f)	დაშნა	dashna
sabre (m)	ხმალი	khmali
lança (f)	შუბი	shubi
arco (m)	მშვილდი	mshvildi
flecha (f)	ისარი	isari
mosquete (m)	მუშკეტი	mushk'et'i
besta (f)	არბალეტი	arbalet'i

115. Povos da antiguidade

primitivo	პირველყოფილი	p'irvelqopili
pré-histórico	წინაისტორიული	ts'inaist'oriuli
antigo	ძველი	dzveli
Idade (f) da Pedra	ქვის ხანა	kvis khana
Idade (f) do Bronze	ბრინჯაოს ხანა	brinjaos khana
período (m) glacial	გამყინვარების პერიოდი	gamqinvarebis p'eriodi
tribo (f)	ტომი	t'omi
canibal (m)	კაციჭამია	k'atsich'amia
caçador (m)	მონადირე	monadire
caçar (vi)	ნადირობა	nadiroba
mamute (m)	მამონტი	mamont'i
caverna (f)	გამოქვაბული	gamokvabuli
fogo (m)	ცეცხლი	tsetskhli
fogueira (f)	კოცონი	k'otsoni
pintura (f) rupestre	კლდეზე ნახატი	k'ldeze nakhat'i
ferramenta (f)	შრომის იარაღი	shromis iaraghi
lança (f)	შუბი	shubi
machado (m) de pedra	ქვის ნაჯახი	kvis najakhi
guerrear (vt)	ბრძოლა	brdzola
domesticar (vt)	მოშინაურება	moshinaureba
ídolo (m)	კერპი	k'erp'i
adorar, venerar (vt)	თაყვანისცემა	taqvanistsema
superstição (f)	ცრურწმენა	tsrurts'mena
evolução (f)	ევოლუცია	evolutsia
desenvolvimento (m)	განვითარება	ganvitareba
desaparecimento (m)	გაუჩინარება	gauchinareba
adaptar-se (vr)	შეგუება	shegueba
arqueologia (f)	არქეოლოგია	arkeologia
arqueólogo (m)	არქეოლოგი	arkeologi
arqueológico	არქეოლოგიური	arkeologiuri
local (m) das escavações	გათხრები	gatkhrebi
escavações (f pl)	გათხრები	gatkhrebi
achado (m)	აღმოჩენა	aghmochena
fragmento (m)	ფრაგმენტი	pragment'i

116. Idade média

povo (m)	ხალხი	khalkhi
povos (m pl)	ხალხები	khalkhebi
tribo (f)	ტომი	t'omi
tribos (f pl)	ტომები	t'omebi
bárbaros (m pl)	ბარბაროსები	barbarosebi
gauleses (m pl)	გალები	galebi

godos (m pl)	გოთები	gotebi
eslavos (m pl)	სლავები	slavebi
víquingues (m pl)	ვიკინგები	vik'ingebi
romanos (m pl)	რომაელები	romaelebi
romano	რომაული	romauli
bizantinos (m pl)	ბიზანტიელები	bizant'ielebi
Bizâncio	ბიზანტია	bizant'ia
bizantino	ბიზანტიური	bizant'iuli
imperador (m)	იმპერატორი	imp'erat'ori
líder (m)	ბელადი	beladi
poderoso	ძლევამოსილი	dzlevamosili
rei (m)	მეფე	mepe
governante (m)	მართველი	martveli
cavaleiro (m)	რაინდი	raindi
senhor feudal (m)	ფეოდალი	peodali
feudal	ფეოდალური	peodaluri
vassalo (m)	ვასალი	vasali
duque (m)	ჰერცოგი	hertsogi
conde (m)	გრაფი	grapi
barão (m)	ბარონი	baroni
bispo (m)	ეპისკოპოსი	ep'isk'op'osi
armadura (f)	ჯავშანი	javshani
escudo (m)	ფარი	pari
espada (f)	მახვილი	makhvili
viseira (f)	ჩაფხუტი	chapkhut'i
cota (f) de malha	ჯაჭვის პერანგი	jach'vis p'erangi
cruzada (f)	ჯვაროსნული ლაშქრობა	jvarosnuli lashkroba
cruzado (m)	ჯვაროსანი	jvarosani
território (m)	ტერიტორია	t'erit'oria
atacar (vt)	თავდასხმა	tavdaskhma
conquistar (vt)	დაპყრობა	dap'qroba
ocupar, invadir (vt)	მიტაცება	mit'atseba
assédio, sítio (m)	ალყა	alqa
sitiado	ალყაშემორტყმული	alqashemort'qmuli
assediar, sitiar (vt)	ალყის შემორტყმა	alqis shemort'qma
inquisição (f)	ინკვიზიცია	ink'vizitsia
inquisidor (m)	ინკვიზიტორი	ink'vizit'ori
tortura (f)	წამება	ts'ameba
cruel	სასტიკი	sast'ik'i
herege (m)	ერეტიკოსი	eret'ik'osi
heresia (f)	მწვალებლობა	mts'valebloba
navegação (f) marítima	ზღვაოსნობა	zghvaosnoba
pirata (m)	მეკობრე	mek'obre
pirataria (f)	მეკობრეობა	mek'obreoba
abordagem (f)	აბორდაჟი	abordazhi

| presa (f), butim (m) | საშოვარი | sashovari |
| tesouros (m pl) | განძი | gandzi |

descobrimento (m)	აღმოჩენა	aghmochena
descobrir (novas terras)	გაღება	gagheba
expedição (f)	ექსპედიცია	eksp'editsia

mosqueteiro (m)	მუშკეტერი	mushk'et'eri
cardeal (m)	კარდინალი	k'ardinali
heráldica (f)	ჰერალდიკა	heraldik'a
heráldico	ჰერალდიკური	heraldik'uri

117. Líder. Chefe. Autoridades

rei (m)	მეფე	mepe
rainha (f)	დედოფალი	dedopali
real	მეფური	mepuri
reino (m)	სამეფო	samepo

| príncipe (m) | პრინცი | p'rintsi |
| princesa (f) | პრინცესა | p'rintsesa |

presidente (m)	პრეზიდენტი	p'rezident'i
vice-presidente (m)	ვიცე-პრეზიდენტი	vitse-p'rezident'i
senador (m)	სენატორი	senat'ori

monarca (m)	მონარქი	monarki
governante (m)	მართველი	martveli
ditador (m)	დიქტატორი	dikt'at'ori
tirano (m)	ტირანი	t'irani
magnata (m)	მაგნატი	magnat'i

diretor (m)	დირექტორი	direkt'ori
chefe (m)	შეფი	shepi
dirigente (m)	მმართველი	mmartveli

| patrão (m) | ბოსი | bosi |
| dono (m) | მეპატრონე | mep'at'rone |

chefe (~ de delegação)	მეთაური	metauri
autoridades (f pl)	ხელისუფლება	khelisupleba
superiores (m pl)	უფროსობა	uprosoba

governador (m)	გუბერნატორი	gubernat'ori
cônsul (m)	კონსული	k'onsuli
diplomata (m)	დიპლომატი	dip'lomat'i

| Presidente (m) da Câmara | მერი | meri |
| xerife (m) | შერიფი | sheripi |

imperador (m)	იმპერატორი	imp'erat'ori
czar (m)	მეფე	mepe
faraó (m)	ფარაონი	paraoni
cã (m)	ხანი	khani

118. Viloação da lei. Criminosos. Parte 1

bandido (m)	ბანდიტი	bandit'i
crime (m)	დანაშაული	danashauli
criminoso (m)	დამნაშავე	damnashave
ladrão (m)	ქურდი	kurdi
roubar (vt)	იქურდო	ikurdo
furto (m)	ქურდობა	kurdoba
furto (m)	მოპარვა	mop'arva
raptar (ex. ~ uma criança)	მოიტაცო	moit'atso
rapto (m)	გატაცება	gat'atseba
raptor (m)	გამტაცებელი	gamt'atsebeli
resgate (m)	გამოსასყიდი	gamosasqidi
pedir resgate	გამოსასყიდის მოთხოვნა	gamosasqidis motkhovna
roubar (vt)	ძარცვა	dzartsva
assaltante (m)	მძარცველი	mdzartsveli
extorquir (vt)	გამოძალვა	gamodzalva
extorsionário (m)	გამომძალველი	gamomdzalveli
extorsão (f)	გამომძალველობა	gamomdzalveloba
matar, assassinar (vt)	მოკვლა	mok'vla
homicídio (m)	მკვლელობა	mk'vleloba
homicida, assassino (m)	მკვლელი	mk'vleli
tiro (m)	სროლა	srola
dar um tiro	გასროლა	gasrola
matar a tiro	დახვრეტა	dakhvret'a
atirar, disparar (vi)	სროლა	srola
tiroteio (m)	სროლა	srola
incidente (m)	შემთხვევა	shemtkhveva
briga (~ de rua)	ჩხუბი	chkhubi
vítima (f)	მსხვერპლი	mskhverp'li
danificar (vt)	დაზიანება	dazianeba
dano (m)	ზარალი	zarali
cadáver (m)	გვამი	gvami
grave	მძიმე	mdzime
atacar (vt)	თავდასხმა	tavdaskhma
bater (espancar)	დარტყმა	dart'qma
espancar (vt)	ცემა	tsema
tirar, roubar (dinheiro)	წართმევა	ts'artmeva
esfaquear (vt)	დაკვლა	dak'vla
mutilar (vt)	დამახინჯება	damakhinjeba
ferir (vt)	დაჭრა	dach'ra
chantagem (f)	შანტაჟი	shant'azhi
chantagear (vt)	დაშანტაჟება	dashant'azheba
chantagista (m)	შანტაჟისტი	shant'azhist'i

extorsão (em troca de proteção)	რეკეტი	rek'et'i
extorsionário (m)	რეკეტირი	rek'et'iri
gângster (m)	განქსტერი	gankst'eri
máfia (f)	მაფია	mapia
carteirista (m)	ჯიბის ქურდი	jibis kurdi
assaltante, ladrão (m)	გამტეხელი	gamt'ekheli
contrabando (m)	კონტრაბანდა	k'ont'rabanda
contrabandista (m)	კონტრაბანდისტი	k'ont'rabandist'i
falsificação (f)	ყალბი	qalbi
falsificar (vt)	გაყალბება	gaqalbeba
falsificado	ყალბი	qalbi

119. Viloação da lei. Criminosos. Parte 2

violação (f)	გაუპატიურება	gaup'at'iureba
violar (vt)	გაუპატიურება	gaup'at'iureba
violador (m)	მოძალადე	modzalade
maníaco (m)	მანიაკი	maniak'i
prostituta (f)	მეძავი	medzavi
prostituição (f)	პროსტიტუცია	p'rost'it'utsia
chulo (m)	სუტენიორი	sut'eniori
toxicodependente (m)	ნარკომანი	nark'omani
traficante (m)	ნარკოტიკებით მოვაჭრე	nark'ot'ik'ebit movach're
explodir (vt)	აფეთქება	apetkeba
explosão (f)	აფეთქება	apetkeba
incendiar (vt)	ცეცხლის წაკიდება	tsetskhlis ts'ak'ideba
incendiário (m)	ცეცხლის წამკიდებელი	tsetskhlis ts'amk'idebeli
terrorismo (m)	ტერორიზმი	t'erorizmi
terrorista (m)	ტერორისტი	t'erorist'i
refém (m)	მძევალი	mdzevali
enganar (vt)	მოტყუება	mot'queba
engano (m)	ტყუილი	t'quili
vigarista (m)	თაღლითი	taghliti
subornar (vt)	გადაბირება	gadabireba
suborno (atividade)	მოსყიდვა	mosqidva
suborno (dinheiro)	ქრთამი	krtami
veneno (m)	შხამი	shkhami
envenenar (vt)	მოწამვლა	mots'amvla
envenenar-se (vr)	თავის მოწამვლა	tavis mots'amvla
suicídio (m)	თვითმკვლელობა	tvitmk'leloba
suicida (m)	თვითმკვლელი	tvitmk'vleli
ameaçar (vt)	დამუქრება	damukreba
ameaça (f)	მუქარა	mukara

atentar contra a vida de ...	ხელყოფა	khelqopa
atentado (m)	ხელყოფა	khelqopa
roubar (o carro)	გატაცება	gat'atseba
desviar (o avião)	გატაცება	gat'atseba
vingança (f)	შურისძიება	shurisdzieba
vingar (vt)	შურისძიება	shurisdzieba
torturar (vt)	წამება	ts'ameba
tortura (f)	წამება	ts'ameba
atormentar (vt)	წვალება	ts'valeba
pirata (m)	მეკობრე	mek'obre
desordeiro (m)	ხულიგანი	khuligani
armado	შეიარაღებული	sheiaraghebuli
violência (f)	ძალადობა	dzaladoba
espionagem (f)	შპიონაჟი	shp'ionazhi
espionar (vi)	ჯაშუშობა	jashushoba

120. Polícia. Lei. Parte 1

justiça (f)	სასამართლო	sasamartlo
tribunal (m)	სასამართლო	sasamartlo
juiz (m)	მოსამართლე	mosamartle
jurados (m pl)	ნაფიცი მსაჯული	napitsi msajuli
tribunal (m) do júri	ნაფიც მსაჯულთა სასამართლო	napits msajulta sasamartlo
julgar (vt)	გასამართლება	gasamartleba
advogado (m)	ადვოკატი	advok'at'i
réu (m)	ბრალდებული	braldebuli
banco (m) dos réus	ბრალდებულთა სკამი	braldebulta sk'ami
acusação (f)	ბრალდება	braldeba
acusado (m)	ბრალდებული	braldebuli
sentença (f)	განაჩენი	ganacheni
sentenciar (vt)	განაჩენის გამოტანა	ganachenis gamot'ana
culpado (m)	დამნაშავე	damnashave
punir (vt)	დასჯა	dasja
punição (f)	სასჯელი	sasjeli
multa (f)	ჯარიმა	jarima
prisão (f) perpétua	სამუდამო პატიმრობა	samudamo p'at'imroba
pena (f) de morte	სიკვდილით დასჯა	sik'vdilit dasja
cadeira (f) elétrica	ელექტრო სკამი	elekt'ro sk'ami
forca (f)	სახრჩობელა	sakhrchobela
executar (vt)	დასჯა	dasja
execução (f)	სასჯელი	sasjeli

prisão (f)	ციხე	tsikhe
cela (f) de prisão	საკანი	sak'ani
escolta (f)	ბადრაგი	badragi
guarda (m) prisional	ზედამხედველი	zedamkhedveli
preso (m)	პატიმარი	p'at'imari
algemas (f pl)	ხელბორკილები	khelbork'ilebi
algemar (vt)	ხელბორკილის დადება	khelbork'ilis dadeba
fuga, evasão (f)	გაქცევა	gaktseva
fugir (vi)	გაქცევა	gaktseva
desaparecer (vi)	გაუჩინარება	gauchinareba
soltar, libertar (vt)	განთავისუფლება	gantavisupleba
amnistia (f)	ამინისტია	aminist'ia
polícia (instituição)	პოლიცია	p'olitsia
polícia (m)	პოლიციელი	p'olitsieli
esquadra (f) de polícia	პოლიციის უბანი	p'olitsiis ubani
cassetete (m)	რეზინის ხელკეტი	rezinis khelk'et'i
megafone (m)	ხმადიდი	khmadidi
carro (m) de patrulha	საპატრულო მანქანა	sap'at'rulo mankana
sirene (f)	სირენა	sirena
ligar a sirene	საყვირის ჩართვა	saqviris chartva
toque (m) da sirene	საყვირის ხმა	saqviris khma
cena (f) do crime	შემთხვევის ადგილი	shemtkhvevis adgili
testemunha (f)	მოწმე	mots'me
liberdade (f)	თავისუფლება	tavisupleba
cúmplice (m)	თანამზრახველი	tanamzrakhveli
escapar (vi)	მიმალვა	mimalva
traço (não deixar ~s)	კვალი	k'vali

121. Polícia. Lei. Parte 2

procura (f)	ძებნა	dzebna
procurar (vt)	ძებნა	dzebna
suspeita (f)	ეჭვი	ech'vi
suspeito	საეჭვო	saech'vo
parar (vt)	გაჩერება	gachereba
deter (vt)	დაკავება	dak'aveba
caso (criminal)	საქმე	sakme
investigação (f)	ძიება	dzieba
detetive (m)	დეტექტივი	det'ekt'ivi
investigador (m)	გამომძიებელი	gamomdziebeli
versão (f)	ვერსია	versia
motivo (m)	მოტივი	mot'ivi
interrogatório (m)	დაკითხვა	dak'itkhva
interrogar (vt)	დაკითხვა	dak'itkhva
questionar (vt)	გამოკითხვა	gamok'itkhva
verificação (f)	შემოწმება	shemots'meba

batida (f) policial	ალყა	alqa
busca (f)	ჩხრეკა	chkhrek'a
perseguição (f)	დადევნება	dadevneba
perseguir (vt)	დევნა	devna
seguir (vt)	თვალთვალი	tvaltvali
prisão (f)	პატიმრობა	p'at'imroba
prender (vt)	დაპატიმრება	dap'at'imreba
pegar, capturar (vt)	დაკავება	dak'aveba
captura (f)	დაჭერა	dach'era
documento (m)	დოკუმენტი	dok'ument'i
prova (f)	მტკიცებულება	mt'k'itsebuleba
provar (vt)	დამტკიცება	damt'k'itseba
pegada (f)	ნაფეხური	napekhuri
impressões (f pl) digitais	თითის ანაბეჭდი	titis anabech'di
prova (f)	სამხილი	samkhili
álibi (m)	ალიბი	alibi
inocente	უდანაშაულო	udanashaulo
injustiça (f)	უსამართლობა	usamartloba
injusto	უსამართლობა	usamartloba
criminal	კრიმინალური	k'riminaluri
confiscar (vt)	კონფისკაცია	k'onpisk'atsia
droga (f)	ნარკოტიკი	nark'ot'ik'i
arma (f)	იარაღი	iaraghi
desarmar (vt)	განიარაღება	ganiaragheba
ordenar (vt)	ბრძანება	brdzaneba
desaparecer (vi)	გაუჩინარება	gauchinareba
lei (f)	კანონი	k'anoni
legal	კანონიერი	k'anonieri
ilegal	უკანონო	uk'anono
responsabilidade (f)	პასუხისმგებლობა	p'asukhismgebloba
responsável	პასუხისმგებელი	p'asukhismgebeli

NATUREZA

A Terra. Parte 1

122. Espaço sideral

cosmos (m)	კოსმოსი	k'osmosi
cósmico	კოსმოსური	k'osmosuri
espaço (m) cósmico	კოსმოსური სივრცე	k'osmosuri sivrtse
mundo (m)	მსოფლიო	msoplio
universo (m)	სამყარო	samqaro
galáxia (f)	გალაქტიკა	galakt'ik'a
estrela (f)	ვარსკვლავი	varsk'vlavi
constelação (f)	თანავარსკვლავედი	tanavarsk'vlavedi
planeta (m)	პლანეტა	p'lanet'a
satélite (m)	თანამგზავრი	tanamgzavri
meteorito (m)	მეტეორიტი	met'eorit'i
cometa (m)	კომეტა	k'omet'a
asteroide (m)	ასტეროიდი	ast'eroidi
órbita (f)	ორბიტა	orbit'a
girar (vi)	ბრუნვა	brunva
atmosfera (f)	ატმოსფერო	at'mospero
Sol (m)	მზე	mze
Sistema (m) Solar	მზის სისტემა	mzis sist'ema
eclipse (m) solar	მზის დაბნელება	mzis dabneleba
Terra (f)	დედამიწა	dedamits'a
Lua (f)	მთვარე	mtvare
Marte (m)	მარსი	marsi
Vénus (f)	ვენერა	venera
Júpiter (m)	იუპიტერი	iup'it'eri
Saturno (m)	სატურნი	sat'urni
Mercúrio (m)	მერკური	merk'uri
Urano (m)	ურანი	urani
Neptuno (m)	ნეპტუნი	nep't'uni
Plutão (m)	პლუტონი	p'lut'oni
Via Láctea (f)	ირმის ნახტომი	irmis nakht'omi
Ursa Maior (f)	დიდი დათვი	didi datvi
Estrela Polar (f)	პოლარული ვარსკვლავი	p'olaruli varsk'vlavi
marciano (m)	მარსიელი	marsieli
extraterrestre (m)	უცხოპლანეტელი	utskhop'lanet'eli

alienígena (m)	სხვა სამყაროდან ჩამოსული	skhva samqarodan chamosuli
disco (m) voador	მფრინავი თეფში	mprinavi tepshi
nave (f) espacial	კოსმოსური ხომალდი	k'osmosuri khomaldi
estação (f) orbital	ორბიტალური სადგური	orbit'aluri sadguri
lançamento (m)	სტარტი	st'art'i
motor (m)	ძრავა	dzrava
bocal (m)	საქშენი	saksheni
combustível (m)	საწვავი	sats'vavi
cabine (f)	კაბინა	k'abina
antena (f)	ანტენა	ant'ena
vigia (f)	ილუმინატორი	iluminat'ori
bateria (f) solar	მზის ბატარეა	mzis bat'area
traje (m) espacial	სკაფანდრი	sk'apandri
imponderabilidade (f)	უწონადობა	uts'onadoba
oxigénio (m)	ჟანგბადი	zhangbadi
acoplagem (f)	შეერთება	sheerteba
fazer uma acoplagem	შეერთების წარმოება	sheertebis ts'armoeba
observatório (m)	ობსერვატორია	observat'oria
telescópio (m)	ტელესკოპი	t'elesk'op'i
observar (vt)	დაკვირვება	dak'virveba
explorar (vt)	გამოკვლევა	gamok'vleva

123. A Terra

Terra (f)	დედამიწა	dedamits'a
globo terrestre (Terra)	დედამიწის სფერო	dedamits'is spero
planeta (m)	პლანეტა	p'lanet'a
atmosfera (f)	ატმოსფერო	at'mospero
geografia (f)	გეოგრაფია	geograpia
natureza (f)	ბუნება	buneba
globo (mapa esférico)	გლობუსი	globusi
mapa (m)	რუქა	ruka
atlas (m)	ატლასი	at'lasi
Europa (f)	ევროპა	evrop'a
Ásia (f)	აზია	azia
África (f)	აფრიკა	aprik'a
Austrália (f)	ავსტრალია	avst'ralia
América (f)	ამერიკა	amerik'a
América (f) do Norte	ჩრდილოეთ ამერიკა	chrdiloet amerik'a
América (f) do Sul	სამხრეთ ამერიკა	samkhret amerik'a
Antártida (f)	ანტარქტიდა	ant'arkt'ida
Ártico (m)	არქტიკა	arkt'ik'a

124. Pontos cardeais

norte (m)	ჩრდილოეთი	chrdiloeti
para norte	ჩრდილოეთისკენ	chrdiloetisk'en
no norte	ჩრდილოეთში	chrdiloetshi
do norte	ჩრდილოეთის	chrdiloetis
sul (m)	სამხრეთი	samkhreti
para sul	სამხრეთისკენ	samkhretisk'en
no sul	სამხრეთში	samkhretshi
do sul	სამხრეთის	samkhretis
oeste, ocidente (m)	დასავლეთი	dasavleti
para oeste	დასავლეთისკენ	dasavletisk'en
no oeste	დასავლეთში	dasavletshi
ocidental	დასავლეთის	dasavletis
leste, oriente (m)	აღმოსავლეთი	aghmosavleti
para leste	აღმოსავლეთისკენ	aghmosavletisk'en
no leste	აღმოსავლეთში	aghmosavletshi
oriental	აღმოსავლეთის	aghmosavletis

125. Mar. Oceano

mar (m)	ზღვა	zghva
oceano (m)	ოკეანე	ok'eane
golfo (m)	ყურე	qure
estreito (m)	სრუტე	srut'e
continente (m)	მატერიკი	mat'erik'i
ilha (f)	კუნძული	k'undzuli
península (f)	ნახევარკუნძული	nakhevark'undzuli
arquipélago (m)	არქიპელაგი	arkip'elagi
baía (f)	ყურე	qure
porto (m)	ნავსადგური	navsadguri
lagoa (f)	ლაგუნა	laguna
cabo (m)	კონცხი	k'ontskhi
atol (m)	ატოლი	at'oli
recife (m)	რიფი	ripi
coral (m)	მარჯანი	marjani
recife (m) de coral	მარჯნის რიფი	marjnis ripi
profundo	ღრმა	ghrma
profundidade (f)	სიღრმე	sighrme
abismo (m)	უფსკრული	upsk'ruli
fossa (f) oceânica	ღრმული	ghrmuli
corrente (f)	დინება	dineba
banhar (vt)	გაბანა	gabana
litoral (m)	ნაპირი	nap'iri
costa (f)	სანაპირო	sanap'iro

maré (f) alta	მოქცევა	moktseva
refluxo (m), maré (f) baixa	მიქცევა	miktseva
restinga (f)	მეჩეჩი	mechechi
fundo (m)	ფსკერი	psk'eri
onda (f)	ტალღა	t'algha
crista (f) da onda	ტალღის ქოჩორი	t'alghis kochori
espuma (f)	ქაფი	kapi
tempestade (f)	ქარიშხალი	karishkhali
furacão (m)	გრიგალი	grigali
tsunami (m)	ცუნამი	tsunami
calmaria (f)	მყუდროება	mqudroeba
calmo	წყნარი	ts'qnari
polo (m)	პოლუსი	p'olusi
polar	პოლარული	p'olaruli
latitude (f)	განედი	ganedi
longitude (f)	გრძედი	grdzedi
paralela (f)	პარალელი	p'araleli
equador (m)	ეკვატორი	ek'vat'ori
céu (m)	ცა	tsa
horizonte (m)	ჰორიზონტი	horizont'i
ar (m)	ჰაერი	haeri
farol (m)	შუქურა	shukura
mergulhar (vi)	ყვინთვა	qvintva
afundar-se (vr)	ჩაძირვა	chadzirva
tesouros (m pl)	განძი	gandzi

126. Nomes de Mares e Oceanos

Oceano (m) Atlântico	ატლანტის ოკეანე	at'lant'is ok'eane
Oceano (m) Índico	ინდოეთის ოკეანე	indoetis ok'eane
Oceano (m) Pacífico	წყნარი ოკეანე	ts'qnari ok'eane
Oceano (m) Ártico	ჩრდილოეთის ყინულოვანი ოკეანე	chrdiloetis qinulovani ok'eane
Mar (m) Negro	შავი ზღვა	shavi zghva
Mar (m) Vermelho	წითელი ზღვა	ts'iteli zghva
Mar (m) Amarelo	ყვითელი ზღვა	qviteli zghva
Mar (m) Branco	თეთრი ზღვა	tetri zghva
Mar (m) Cáspio	კასპიის ზღვა	k'asp'iis zghva
Mar (m) Morto	მკვდარი ზღვა	mk'vdari zghva
Mar (m) Mediterrâneo	ხმელთაშუა ზღვა	khmeltashua zghva
Mar (m) Egeu	ეგეოსის ზღვა	egeosis zghva
Mar (m) Adriático	ადრიატიკის ზღვა	adriat'ik'is zghva
Mar (m) Arábico	არავიის ზღვა	araviis zghva
Mar (m) do Japão	იაპონიის ზღვა	iap'oniis zghva

Mar (m) de Bering	ბერინგის ზღვა	beringis zghva
Mar (m) da China Meridional	სამხრეთ-ჩინეთის ზღვა	samkhret-chinetis zghva
Mar (m) de Coral	მარჯნის ზღვა	marjnis zghva
Mar (m) de Tasman	ტასმანიის ზღვა	t'asmaniis zghva
Mar (m) do Caribe	კარიბის ზღვა	k'aribis zghva
Mar (m) de Barents	ბარენცის ზღვა	barentsis zghva
Mar (m) de Kara	კარსის ზღვა	k'arsis zghva
Mar (m) do Norte	ჩრდილოეთის ზღვა	chrdiloetis zghva
Mar (m) Báltico	ბალტიის ზღვა	balt'iis zghva
Mar (m) da Noruega	ნორვეგიის ზღვა	norvegiis zghva

127. Montanhas

montanha (f)	მთა	mta
cordilheira (f)	მთების ჯაჭვი	mtebis jach'vi
serra (f)	მთის ქედი	mtis kedi
cume (m)	მწვერვალი	mts'vervali
pico (m)	პიკი	p'ik'i
sopé (m)	მთის ძირი	mtis dziri
declive (m)	ფერდობი	perdobi
vulcão (m)	ვულკანი	vulk'ani
vulcão (m) ativo	მოქმედი ვულკანი	mokmedi vulk'ani
vulcão (m) extinto	ჩამქრალი ვულკანი	chamkrali vulk'ani
erupção (f)	ამოფრქვევა	amoprkveva
cratera (f)	კრატერი	k'rat'eri
magma (m)	მაგმა	magma
lava (f)	ლავა	lava
fundido (lava ~a)	გავარვარებული	gavarvarebuli
desfiladeiro (m)	კანიონი	k'anioni
garganta (f)	ხეობა	kheoba
fenda (f)	ნაპრალი	nap'rali
passo, colo (m)	უღელტეხილი	ughelt'ekhili
planalto (m)	პლატო	p'lat'o
falésia (f)	კლდე	k'lde
colina (f)	ბორცვი	bortsvi
glaciar (m)	მყინვარი	mqinvari
queda (f) d'água	ჩანჩქერი	chanchkeri
géiser (m)	გეიზერი	geizeri
lago (m)	ტბა	t'ba
planície (f)	ვაკე	vak'e
paisagem (f)	პეიზაჟი	p'eizazhi
eco (m)	ექო	eko
alpinista (m)	ალპინისტი	alp'inist'i
escalador (m)	მთასვლელი	mtasvleli

conquistar (vt)	დაპყრობა	dap'qroba
subida, escalada (f)	ასვლა	asvla

128. Nomes de montanhas

Alpes (m pl)	ალპები	alp'ebi
monte Branco (m)	მონბლანი	monblani
Pirineus (m pl)	პირენეები	p'ireneebi
Cárpatos (m pl)	კარპატები	k'arp'at'ebi
montes (m pl) Urais	ურალის მთები	uralis mtebi
Cáucaso (m)	კავკასია	k'avk'asia
Elbrus (m)	იალბუზი	ialbuzi
Altai (m)	ალტაი	alt'ai
Tian Shan (m)	ტიან-შანი	t'ian-shani
Pamir (m)	პამირი	p'amiri
Himalaias (m pl)	ჰიმალაი	himalai
monte (m) Everest	ევერესტი	everest'i
Cordilheira (f) dos Andes	ანდები	andebi
Kilimanjaro (m)	კილიმანჯარო	k'ilimanjaro

129. Rios

rio (m)	მდინარე	mdinare
fonte, nascente (f)	წყარო	ts'qaro
leito (m) do rio	კალაპოტი	k'alap'ot'i
bacia (f)	აუზი	auzi
desaguar no ...	ჩადინება	chadineba
afluente (m)	შენაკადი	shenak'adi
margem (do rio)	ნაპირი	nap'iri
corrente (f)	დინება	dineba
rio abaixo	დინების ქვემოთ	dinebis kvemot
rio acima	დინების ზემოთ	dinebis zemot
inundação (f)	წყალდიდობა	ts'qaldidoba
cheia (f)	წყალდიდობა	ts'qaldidoba
transbordar (vi)	გადმოსვლა	gadmosvla
inundar (vt)	დატბორვა	dat'borva
banco (m) de areia	თავთხელი	tavtkheli
rápidos (m pl)	ზღურბლი	zghurbli
barragem (f)	კაშხალი	k'ashkhali
canal (m)	არხი	arkhi
reservatório (m) de água	წყალსაცავი	ts'qalsatsavi
eclusa (f)	რაბი	rabi
corpo (m) de água	წყალსატევი	ts'qalsat'evi
pântano (m)	ჭაობი	ch'aobi

tremedal (m)	ჭანჭრობი	ch'anch'robi
remoinho (m)	მორევი	morevi
arroio, regato (m)	ნაკადული	nak'aduli
potável	სასმელი	sasmeli
doce (água)	მტკნარი	mt'k'nari
gelo (m)	ყინული	qinuli
congelar-se (vr)	გაყინვა	gaqinva

130. Nomes de rios

rio Sena (m)	სენა	sena
rio Loire (m)	ლუარა	luara
rio Tamisa (m)	ტემზა	t'emza
rio Reno (m)	რეინი	reini
rio Danúbio (m)	დუნაი	dunai
rio Volga (m)	ვოლგა	volga
rio Don (m)	დონი	doni
rio Lena (m)	ლენა	lena
rio Amarelo (m)	ხუანხე	khuankhe
rio Yangtzé (m)	იანძი	iandzi
rio Mekong (m)	მეკონგი	mek'ongi
rio Ganges (m)	განგი	gangi
rio Nilo (m)	ნილოსი	nilosi
rio Congo (m)	კონგო	k'ongo
rio Cubango (m)	ოკავანგო	ok'avango
rio Zambeze (m)	ზამბეზი	zambezi
rio Limpopo (m)	ლიმპოპო	limp'op'o
rio Mississípi (m)	მისისიპი	misisip'i

131. Floresta

floresta (f), bosque (m)	ტყე	t'qe
florestal	ტყის	t'qis
mata (f) cerrada	ტევრი	t'evri
arvoredo (m)	ჭალა	ch'ala
clareira (f)	მინდორი	mindori
matagal (m)	ბარდები	bardebi
mato (m)	ბუჩქნარი	buchknari
vereda (f)	ბილიკი	bilik'i
ravina (f)	ხევი	khevi
árvore (f)	ხე	khe
folha (f)	ფოთოლი	potoli

folhagem (f)	ფოთლეული	potleuli
queda (f) das folhas	ფოთოლცვენა	potoltsvena
cair (vi)	ცვენა	tsvena
topo (m)	კენწერო	k'ents'ero
ramo (m)	ტოტი	t'ot'i
galho (m)	ნუჟრი	nuzhri
botão, rebento (m)	კვირტი	k'virt'i
agulha (f)	წიწვი	ts'its'vi
pinha (f)	გირჩი	girchi
buraco (m) de árvore	ფუღურო	pughuro
ninho (m)	ბუდე	bude
toca (f)	სორო	soro
tronco (m)	ტანი	t'ani
raiz (f)	ფესვი	pesvi
casca (f) de árvore	ქერქი	kerki
musgo (m)	ხავსი	khavsi
arrancar pela raiz	ამოძირკვა	amodzirk'va
cortar (vt)	მოჭრა	moch'ra
desflorestar (vt)	გაჩეხვა	gachekhva
toco, cepo (m)	კუნძი	k'undzi
fogueira (f)	კოცონი	k'otsoni
incêndio (m) florestal	ხანძარი	khandzari
apagar (vt)	ჩაქრობა	chakroba
guarda-florestal (m)	მეტყევე	met'qeve
proteção (f)	დაცვა	datsva
proteger (a natureza)	დაცვა	datsva
caçador (m) furtivo	ბრაკონიერი	brak'onieri
armadilha (f)	ხაფანგი	khapangi
colher (cogumelos, bagas)	კრეფა	k'repa
perder-se (vr)	გზის დაბნევა	gzis dabneva

132. Recursos naturais

recursos (m pl) naturais	ბუნებრივი რესურსები	bunebrivi resursebi
minerais (m pl)	სასარგებლო წიაღისეული	sasargeblo ts'iaghiseuli
depósitos (m pl)	საბადო	sabado
jazida (f)	საბადო	sabado
extrair (vt)	მოპოვება	mop'oveba
extração (f)	მოპოვება	mop'oveba
minério (m)	მადანი	madani
mina (f)	მადნეული	madneuli
poço (m) de mina	შახტი	shakht'i
mineiro (m)	მეშახტე	meshakht'e
gás (m)	გაზი	gazi
gasoduto (m)	გაზსადენი	gazsadeni

petróleo (m)	ნავთობი	navtobi
oleoduto (m)	ნავთობსადენი	navtobsadeni
poço (m) de petróleo	ნავთობის კოშკურა	navtobis k'oshk'ura
torre (f) petrolífera	საბურღი კოშკურა	saburghi k'oshk'ura
petroleiro (m)	ტანკერი	t'ank'eri

areia (f)	ქვიშა	kvisha
calcário (m)	კირქვა	k'irkva
cascalho (m)	ხრეში	khreshi
turfa (f)	ტორფი	t'orpi
argila (f)	თიხა	tikha
carvão (m)	ქვანახშირი	kvanakhshiri

ferro (m)	რკინა	rk'ina
ouro (m)	ოქრო	okro
prata (f)	ვერცხლი	vertskhli
níquel (m)	ნიკელი	nik'eli
cobre (m)	სპილენძი	sp'ilendzi

zinco (m)	თუთია	tutia
manganês (m)	მარგანეცი	marganetsi
mercúrio (m)	ვერცხლისწყალი	vertskhlists'qali
chumbo (m)	ტყვია	t'qvia

mineral (m)	მინერალი	minerali
cristal (m)	კრისტალი	k'rist'ali
mármore (m)	მარმარილო	marmarilo
urânio (m)	ურანი	urani

A Terra. Parte 2

133. Tempo

tempo (m)	ამინდი	amindi
previsão (f) do tempo	ამინდის პროგნოზი	amindis p'rognozi
temperatura (f)	ტემპერატურა	t'emp'erat'ura
termómetro (m)	თერმომეტრი	termomet'ri
barómetro (m)	ბარომეტრი	baromet'ri
humidade (f)	ტენიანობა	t'enianoba
calor (m)	სიცხე	sitskhe
cálido	ცხელი	tskheli
está muito calor	ცხელი	tskheli
está calor	თბილა	tbila
quente	თბილი	tbili
está frio	სიცივე	sitsive
frio	ცივი	tsivi
sol (m)	მზე	mze
brilhar (vi)	ანათებს	anatebs
de sol, ensolarado	მზიანი	mziani
nascer (vi)	ამოსვლა	amosvla
pôr-se (vr)	ჩასვლა	chasvla
nuvem (f)	ღრუბელი	ghrubeli
nublado	ღრუბლიანი	ghrubliani
nuvem (f) preta	ღრუბელი	ghrubeli
escuro, cinzento	მოღრუბლული	moghrubluli
chuva (f)	წვიმა	ts'vima
está a chover	წვიმა მოდის	ts'vima modis
chuvoso	წვიმიანი	ts'vimiani
chuviscar (vi)	ჟინჟღვლა	zhinzhghvla
chuva (f) torrencial	კოკისპირული	k'ok'isp'iruli
chuvada (f)	თავსხმა	tavskhma
forte (chuva)	ძლიერი	dzlieri
poça (f)	გუბე	gube
molhar-se (vr)	დასველება	dasveleba
nevoeiro (m)	ნისლი	nisli
de nevoeiro	ნისლიანი	nisliani
neve (f)	თოვლი	tovli
está a nevar	თოვლი მოდის	tovli modis

134. Tempo extremo. Catástrofes naturais

trovoada (f)	ჭექა	ch'eka
relâmpago (m)	მეხი	mekhi
relampejar (vi)	ელვარება	elvareba
trovão (m)	ქუხილი	kukhili
trovejar (vi)	ქუხილი	kukhili
está a trovejar	ქუხს	kukhs
granizo (m)	სეტყვა	set'qva
está a cair granizo	სეტყვა მოდის	set'qva modis
inundar (vt)	წალეკვა	ts'alek'va
inundação (f)	წყალდიდობა	ts'qaldidoba
terremoto (m)	მიწისძვრა	mits'isdzvra
abalo, tremor (m)	ბიძგი	bidzgi
epicentro (m)	ეპიცენტრი	ep'itsent'ri
erupção (f)	ამოფრქვევა	amoprkveva
lava (f)	ლავა	lava
turbilhão (m)	გრიგალი	grigali
tornado (m)	ტორნადო	t'ornado
tufão (m)	ტაიფუნი	t'aipuni
furacão (m)	გრიგალი	grigali
tempestade (f)	ქარიშხალი	karishkhali
tsunami (m)	ცუნამი	tsunami
ciclone (m)	ციკლონი	tsik'loni
mau tempo (m)	უამინდობა	uamindoba
incêndio (m)	ხანძარი	khandzari
catástrofe (f)	კატასტროფა	k'at'ast'ropa
meteorito (m)	მეტეორიტი	met'eorit'i
avalanche (f)	ზვავი	zvavi
deslizamento (m) de neve	ჩამოქცევა	chamoktseva
nevasca (f)	ქარბუქი	karbuki
tempestade (f) de neve	ბუქი	buki

Fauna

135. Mamíferos. Predadores

predador (m)	მტაცებელი	mt'atsebeli
tigre (m)	ვეფხვი	vepkhvi
leão (m)	ლომი	lomi
lobo (m)	მგელი	mgeli
raposa (f)	მელა	mela
jaguar (m)	იაგუარი	iaguari
leopardo (m)	ლეოპარდი	leop'ardi
chita (f)	გეპარდი	gep'ardi
pantera (f)	ავაზა	avaza
puma (m)	პუმა	p'uma
leopardo-das-neves (m)	თოვლის ჯიქი	tovlis jiki
lince (m)	ფოცხვერი	potskhveri
coiote (m)	კოიოტი	k'oiot'i
chacal (m)	ტურა	t'ura
hiena (f)	გიენა	giena

136. Animais selvagens

animal (m)	ცხოველი	tskhoveli
besta (f)	მხეცი	mkhetsi
esquilo (m)	ციყვი	tsiqvi
ouriço (m)	ზღარბი	zgharbi
lebre (f)	კურდღელი	k'urdgheli
coelho (m)	ბოცვერი	botsveri
texugo (m)	მაჩვი	machvi
guaxinim (m)	ენოტი	enot'i
hamster (m)	ზაზუნა	zazuna
marmota (f)	ზაზუნა	zazuna
toupeira (f)	თხუნელა	tkhunela
rato (m)	თაგვი	tagvi
ratazana (f)	ვირთხა	virtkha
morcego (m)	ღამურა	ghamura
arminho (m)	ყარყუმი	qarqumi
zibelina (f)	სიასამური	siasamuri
marta (f)	კვერნა	k'verna
doninha (f)	სინდიოფალა	sindiopala
vison (m)	წაულა	ts'aula

castor (m)	თახვი	takhvi
lontra (f)	წავი	ts'avi
cavalo (m)	ცხენი	tskheni
alce (m)	ცხენ-ირემი	tskhen-iremi
veado (m)	ირემი	iremi
camelo (m)	აქლემი	aklemi
bisão (m)	ბიზონი	bizoni
auroque (m)	დომბა	domba
búfalo (m)	კამეჩი	k'amechi
zebra (f)	ზებრა	zebra
antílope (m)	ანტილოპა	ant'ilop'a
corça (f)	შველი	shveli
gamo (m)	ფურ-ირემი	pur-iremi
camurça (f)	ქურციკი	kurtsik'i
javali (m)	ტახი	t'akhi
baleia (f)	ვეშაპი	veshap'i
foca (f)	სელაპი	selap'i
morsa (f)	ლომვეშაპი	lomveshap'i
urso-marinho (m)	ზღვის კატა	zghvis k'at'a
golfinho (m)	დელფინი	delpini
urso (m)	დათვი	datvi
urso (m) branco	თეთრი დათვი	tetri datvi
panda (m)	პანდა	p'anda
macaco (em geral)	მაიმუნი	maimuni
chimpanzé (m)	შიმპანზე	shimp'anze
orangotango (m)	ორანგუტანი	orangut'ani
gorila (m)	გორილა	gorila
macaco (m)	მაკაკა	mak'ak'a
gibão (m)	გიბონი	giboni
elefante (m)	სპილო	sp'ilo
rinoceronte (m)	მარტორქა	mart'orka
girafa (f)	ჟირაფი	zhirapi
hipopótamo (m)	ბეჰემოთი	behemoti
canguru (m)	კენგურუ	k'enguru
coala (m)	კოალა	k'oala
mangusto (m)	მანგუსტი	mangust'i
chinchila (m)	შინშილა	shinshila
doninha-fedorenta (f)	თრითინა	tritina
porco-espinho (m)	მაჩვზღარბა	machvzgharba

137. Animais domésticos

gata (f)	კატა	k'at'a
gato (m) macho	ხვადი კატა	khvadi k'at'a
cavalo (m)	ცხენი	tskheni

garanhão (m)	ულაყი	ulaqi
égua (f)	ფაშატი	pashat'i
vaca (f)	ძროხა	dzrokha
touro (m)	ხარი	khari
boi (m)	ხარი	khari
ovelha (f)	დედალი ცხვარი	dedali tskhvari
carneiro (m)	ცხვარი	tskhvari
cabra (f)	თხა	tkha
bode (m)	ვაცი	vatsi
burro (m)	ვირი	viri
mula (f)	ჯორი	jori
porco (m)	ღორი	ghori
leitão (m)	გოჭი	goch'i
coelho (m)	ბოცვერი	botsveri
galinha (f)	ქათამი	katami
galo (m)	მამალი	mamali
pata (f)	იხვი	ikhvi
pato (macho)	მამალი იხვი	mamali ikhvi
ganso (m)	ბატი	bat'i
peru (m)	ინდაური	indauri
perua (f)	დედალი ინდაური	dedali indauri
animais (m pl) domésticos	შინაური ცხოველები	shinauri tskhovelebi
domesticado	მოშინაურებული	moshinaurebuli
domesticar (vt)	მოშინაურება	moshinaureba
criar (vt)	გამოზრდა	gamozrda
quinta (f)	ფერმა	perma
aves (f pl) domésticas	შინაური ფრინველი	shinauri prinveli
gado (m)	საქონელი	sakoneli
rebanho (m), manada (f)	ჯოგი	jogi
estábulo (m)	თავლა	tavla
pocilga (f)	საღორე	saghore
estábulo (m)	ბოსელი	boseli
coelheira (f)	საკურდღლე	sak'urdghle
galinheiro (m)	საქათმე	sakatme

138. Pássaros

pássaro (m), ave (f)	ფრინველი	prinveli
pombo (m)	მტრედი	mt'redi
pardal (m)	ბეღურა	beghura
chapim-real (m)	წიწკანა	ts'its'k'ana
pega-rabuda (f)	კაჭკაჭი	k'ach'k'ach'i
corvo (m)	ყვავი	qvavi
gralha (f) cinzenta	ყვავი	qvavi

gralha-de-nuca-cinzenta (f)	ჭკა	ch'k'a
gralha-calva (f)	ჭილყვავი	ch'ilqvavi
pato (m)	იხვი	ikhvi
ganso (m)	ბატი	bat'i
faisão (m)	ხოხობი	khokhobi
águia (f)	არწივი	arts'ivi
açor (m)	ქორი	kori
falcão (m)	შევარდენი	shevardeni
abutre (m)	ორბი	orbi
condor (m)	კონდორი	k'ondori
cisne (m)	გედი	gedi
grou (m)	წერო	ts'ero
cegonha (f)	ყარყატი	qarqat'i
papagaio (m)	თუთიყუში	tutiqushi
beija-flor (m)	კოლიბრი	k'olibri
pavão (m)	ფარშევანგი	parshevangi
avestruz (m)	სირაქლემა	siraklema
garça (f)	ყანჩა	qancha
flamingo (m)	ფლამინგო	plamingo
pelicano (m)	ვარხვი	varkhvi
rouxinol (m)	ბულბული	bulbuli
andorinha (f)	მერცხალი	mertskhali
tordo-zornal (m)	შაშვი	shashvi
tordo-músico (m)	შაშვი მგალობელი	shashvi mgalobeli
melro-preto (m)	შავი შაშვი	shavi shashvi
andorinhão (m)	ნამგალა	namgala
cotovia (f)	ტოროლა	t'orola
codorna (f)	მწყერი	mts'qeri
pica-pau (m)	კოდალა	k'odala
cuco (m)	გუგული	guguli
coruja (f)	ბუ	bu
corujão, bufo (m)	ჭოტი	ch'ot'i
tetraz-grande (m)	ყრუანჩელა	qruanchela
tetraz-lira (m)	როჭო	roch'o
perdiz-cinzenta (f)	კაკაბი	k'ak'abi
estorninho (m)	შოშია	shoshia
canário (m)	იადონი	iadoni
galinha-do-mato (f)	გნოლქათამა	gnolkatama
tentilhão (m)	სკვინჩა	sk'vincha
dom-fafe (m)	სტვენია	st'venia
gaivota (f)	თოლია	tolia
albatroz (m)	ალბატროსი	albat'rosi
pinguim (m)	პინგვინი	p'ingvini

139. Peixes. Animais marinhos

brema (f)	კაპარჭინა	k'ap'arch'ina
carpa (f)	კობრი	k'obri
perca (f)	ქორჭილა	korch'ila
siluro (m)	ლოქო	loko
lúcio (m)	ქარიყლაპია	kariqlap'ia
salmão (m)	ორაგული	oraguli
esturjão (m)	თართი	tarti
arenque (m)	ქაშაყი	kashaqi
salmão (m)	გოჯი	goji
cavala, sarda (f)	სკუმბრია	sk'umbria
solha (f)	კამბალა	k'ambala
lúcio perca (m)	ფარგა	parga
bacalhau (m)	ვირთევზა	virtevza
atum (m)	თინუსი	tinusi
truta (f)	კალმახი	k'almakhi
enguia (f)	გველთევზა	gveltevza
raia elétrica (f)	ელექტრული სკაროსი	elekt'ruli sk'arosi
moreia (f)	მურენა	murena
piranha (f)	პირანია	p'irania
tubarão (m)	ზვიგენი	zvigeni
golfinho (m)	დელფინი	delpini
baleia (f)	ვეშაპი	veshap'i
caranguejo (m)	კიბორჩხალა	k'iborchkhala
medusa, alforreca (f)	მედუზა	meduza
polvo (m)	რვაფეხა	rvapekha
estrela-do-mar (f)	ზღვის ვარსკვლავი	zghvis varsk'vlavi
ouriço-do-mar (m)	ზღვის ზღარბი	zghvis zgharbi
cavalo-marinho (m)	ცხენთევზა	tskhentevza
ostra (f)	ხამანწკა	khamants'k'a
camarão (m)	კრევეტი	k'revet'i
lavagante (m)	ასთაკვი	astak'vi
lagosta (f)	ლანგუსტი	langust'i

140. Amfíbios. Répteis

serpente, cobra (f)	გველი	gveli
venenoso	შხამიანი	shkhamiani
víbora (f)	გველგესლა	gvelgesla
cobra-capelo, naja (f)	კობრა	k'obra
pitão (m)	პითონი	p'itoni
jiboia (f)	მახრჩობელა გველი	makhrchobela gveli
cobra-de-água (f)	ანკარა	ank'ara

cascavel (f)	ჩხრიალა გველი	chkhriala gveli
anaconda (f)	ანაკონდა	anak'onda
lagarto (m)	ხვლიკი	khvlik'i
iguana (f)	იგუანა	iguana
varano (m)	ვარანი	varani
salamandra (f)	სალამანდრა	salamandra
camaleão (m)	ქამელეონი	kameleoni
escorpião (m)	მორიელი	morieli
tartaruga (f)	კუ	k'u
rã (f)	ბაყაყი	baqaqi
sapo (m)	გომბეშო	gombesho
crocodilo (m)	ნიანგი	niangi

141. Insetos

inseto (m)	მწერი	mts'eri
borboleta (f)	პეპელა	p'ep'ela
formiga (f)	ჭიანჭველა	ch'ianch'vela
mosca (f)	ბუზი	buzi
mosquito (m)	კოღო	k'ogho
escaravelho (m)	ხოჭო	khoch'o
vespa (f)	ბზიკი	bzik'i
abelha (f)	ფუტკარი	put'k'ari
mamangava (f)	კელა	k'ela
moscardo (m)	კრაზანა	k'razana
aranha (f)	ობობა	oboba
teia (f) de aranha	აბლაბუდა	ablabuda
libélula (f)	ჭრიჭინა	ch'rich'ina
gafanhoto-do-campo (m)	კალია	k'alia
traça (f)	ფარვანა	parvana
barata (f)	აბანოს ჭია	abanos ch'ia
carraça (f)	ტკიპა	t'k'ip'a
pulga (f)	რწყილი	rts'qili
borrachudo (m)	ქინქლა	kinkla
gafanhoto (m)	კალია	k'alia
caracol (m)	ლოკოკინა	lok'ok'ina
grilo (m)	ჭრიჭინა	ch'rich'ina
pirilampo (m)	ციცინათელა	tsitsinatela
joaninha (f)	ჭია მაია	ch'ia maia
besouro (m)	მაისის ხოჭო	maisis khoch'o
sanguessuga (f)	წურბელა	ts'urbela
lagarta (f)	მუხლუხი	mukhlukhi
minhoca (f)	ჭია	ch'ia
larva (f)	მატლი	mat'li

Flora

142. Árvores

árvore (f)	ხე	khe
decídua	ფოთლოვანი	potlovani
conífera	წიწვოვანი	ts'its'vovani
perene	მარადმწვანე	maradmts'vane
macieira (f)	ვაშლის ხე	vashlis khe
pereira (f)	მსხალი	mskhali
cerejeira (f)	ბალი	bali
ginjeira (f)	ალუბალი	alubali
ameixeira (f)	ქლიავი	kliavi
bétula (f)	არყის ხე	arqis khe
carvalho (m)	მუხა	mukha
tília (f)	ცაცხვი	tsatskhvi
choupo-tremedor (m)	ვერხვი	verkhvi
bordo (m)	ნეკერჩხალი	nek'erchkhali
espruce-europeu (m)	ნაძვის ხე	nadzvis khe
pinheiro (m)	ფიჭვი	pich'vi
alerce, lariço (m)	ლარიქსი	lariksi
abeto (m)	სოჭი	soch'i
cedro (m)	კედარი	k'edari
choupo, álamo (m)	ალვის ხე	alvis khe
tramazeira (f)	ცირცელი	tsirtseli
salgueiro (m)	ტირიფი	t'iripi
amieiro (m)	მურყანი	murqani
faia (f)	წიფელი	ts'ipeli
ulmeiro (m)	თელა	tela
freixo (m)	იფანი	ipani
castanheiro (m)	წაბლი	ts'abli
magnólia (f)	მაგნოლია	magnolia
palmeira (f)	პალმა	p'alma
cipreste (m)	კვიპაროსი	k'vip'arosi
mangue (m)	მანგოს ხე	mangos khe
embondeiro, baobá (m)	ბაობაბი	baobabi
eucalipto (m)	ევკალიპტი	evk'alip't'i
sequoia (f)	სეკვოია	sekvoia

143. Arbustos

arbusto (m)	ბუჩქი	buchki
arbusto (m), moita (f)	ბუჩქნარი	buchknari

videira (f)	ყურძენი	qurdzeni
vinhedo (m)	ვენახი	venakhi
framboeseira (f)	ჟოლო	zholo
groselheira-vermelha (f)	წითელი მოცხარი	ts'iteli motskhari
groselheira (f) espinhosa	ხურტკმელი	khurt'k'meli
acácia (f)	აკაცია	ak'atsia
bérberis (f)	კოწახური	k'ots'akhuri
jasmim (m)	ჟასმინი	zhasmini
junípero (m)	ღვია	ghvia
roseira (f)	ვარდის ბუჩქი	vardis buchki
roseira (f) brava	ასკილი	ask'ili

144. Frutos. Bagas

maçã (f)	ვაშლი	vashli
pera (f)	მსხალი	mskhali
ameixa (f)	ქლიავი	kliavi
morango (m)	მარწყვი	marts'qvi
ginja (f)	ალუბალი	alubali
cereja (f)	ბალი	bali
uva (f)	ყურძენი	qurdzeni
framboesa (f)	ჟოლო	zholo
groselha (f) preta	შავი მოცხარი	shavi motskhari
groselha (f) vermelha	წითელი მოცხარი	ts'iteli motskhari
groselha (f) espinhosa	ხურტკმელი	khurt'k'meli
oxicoco (m)	შტოში	sht'oshi
laranja (f)	ფორთოხალი	portokhali
tangerina (f)	მანდარინი	mandarini
ananás (m)	ანანასი	ananasi
banana (f)	ბანანი	banani
tâmara (f)	ფინიკი	pinik'i
limão (m)	ლიმონი	limoni
damasco (m)	გარგარი	gargari
pêssego (m)	ატამი	at'ami
kiwi (m)	კივი	k'ivi
toranja (f)	გრეიფრუტი	greiprut'i
baga (f)	კენკრა	k'enk'ra
bagas (f pl)	კენკრა	k'enk'ra
arando (m) vermelho	წითელი მოცვი	ts'iteli motsvi
morango-silvestre (m)	მარწყვი	marts'qvi
mirtilo (m)	მოცვი	motsvi

145. Flores. Plantas

flor (f)	ყვავილი	qvavili
ramo (m) de flores	თაიგული	taiguli

rosa (f)	ვარდი	vardi
tulipa (f)	ტიტა	t'it'a
cravo (m)	მიხაკი	mikhak'i
gladíolo (m)	გლადიოლუსი	gladiolusi
centáurea (f)	ღიღილო	ghighilo
campânula (f)	მაჩიტა	machit'a
dente-de-leão (m)	ბაბუაწვერა	babuats'vera
camomila (f)	გვირილა	gvirila
aloé (m)	ალოე	aloe
cato (m)	კაქტუსი	k'akt'usi
fícus (m)	ფიკუსი	pik'usi
lírio (m)	შროშანი	shroshani
gerânio (m)	ნემსიწვერა	nemsits'vera
jacinto (m)	ჰიაცინტი	hiatsint'i
mimosa (f)	მიმოზა	mimoza
narciso (m)	ნარგიზი	nargizi
capuchinha (f)	ნასტურცია	nast'urtsia
orquídea (f)	ორქიდეა	orkidea
peónia (f)	იორდასალამი	iordasalami
violeta (f)	ია	ia
amor-perfeito (m)	სამფერა ია	sampera ia
não-me-esqueças (m)	კესანე	k'esane
margarida (f)	ზიზილა	zizila
papoula (f)	ყაყაჩო	qaqacho
cânhamo (m)	კანაფი	k'anapi
hortelã (f)	პიტნა	p'it'na
lírio-do-vale (m)	შროშანა	shroshana
campânula-branca (f)	ენძელა	endzela
urtiga (f)	ჭინჭარი	ch'inch'ari
azeda (f)	მჟაუნა	mzhauna
nenúfar (m)	წყლის შროშანი	ts'qlis shroshani
feto (m), samambaia (f)	გვიმრა	gvimra
líquen (m)	ლიქენა	likena
estufa (f)	ორანჟერეა	oranzherea
relvado (m)	გაზონი	gazoni
canteiro (m) de flores	ყვავილნარი	qvavilnari
planta (f)	მცენარე	mtsenare
erva (f)	ბალახი	balakhi
folha (f) de erva	ბალახის ღერო	balakhis ghero
folha (f)	ფოთოლი	potoli
pétala (f)	ფურცელი	purtseli
talo (m)	ღერო	ghero
tubérculo (m)	ბოლქვი	bolkvi
broto, rebento (m)	ღივი	ghivi

espinho (m)	ეკალი	ek'ali
florescer (vi)	ყვავილობა	qvaviloba
murchar (vi)	ჭკნობა	ch'k'noba
cheiro (m)	სუნი	suni
cortar (flores)	მოჭრა	moch'ra
colher (uma flor)	მოწყვეტა	mots'qvet'a

146. Cereais, grãos

grão (m)	მარცვალი	martsvali
cereais (plantas)	მარცვლეული მცენარე	martsvleuli mtsenare
espiga (f)	თავთავი	tavtavi
trigo (m)	ხორბალი	khorbali
centeio (m)	ჭვავი	ch'vavi
aveia (f)	შვრია	shvria
milho-miúdo (m)	ფეტვი	pet'vi
cevada (f)	ქერი	keri
milho (m)	სიმინდი	simindi
arroz (m)	ბრინჯი	brinji
trigo-sarraceno (m)	წიწიბურა	ts'its'ibura
ervilha (f)	ბარდა	barda
feijão (m)	ლობიო	lobio
soja (f)	სოია	soia
lentilha (f)	ოსპი	osp'i
fava (f)	პარკები	p'ark'ebi

PAÍSES. NACIONALIDADES

147. Europa Ocidental

Europa (f)	ევროპა	evrop'a
União (f) Europeia	ევროპის კავშირი	evrop'is k'avshiri
Áustria (f)	ავსტრია	avst'ria
Grã-Bretanha (f)	დიდი ბრიტანეთი	didi brit'aneti
Inglaterra (f)	ინგლისი	inglisi
Bélgica (f)	ბელგია	belgia
Alemanha (f)	გერმანია	germania
Países (m pl) Baixos	ნიდერლანდები	niderlandebi
Holanda (f)	ჰოლანდია	holandia
Grécia (f)	საბერძნეთი	saberdzneti
Dinamarca (f)	დანია	dania
Irlanda (f)	ირლანდია	irlandia
Islândia (f)	ისლანდია	islandia
Espanha (f)	ესპანეთი	esp'aneti
Itália (f)	იტალია	it'alia
Chipre (m)	კვიპროსი	k'vip'rosi
Malta (f)	მალტა	malt'a
Noruega (f)	ნორვეგია	norvegia
Portugal (m)	პორტუგალია	p'ort'ugalia
Finlândia (f)	ფინეთი	pineti
França (f)	საფრანგეთი	saprangeti
Suécia (f)	შვეცია	shvetsia
Suíça (f)	შვეიცარია	shveitsaria
Escócia (f)	შოტლანდია	shot'landia
Vaticano (m)	ვატიკანი	vat'ik'ani
Liechtenstein (m)	ლიხტენშტეინი	likht'ensht'eini
Luxemburgo (m)	ლუქსემბურგი	luksemburgi
Mónaco (m)	მონაკო	monak'o

148. Europa Central e de Leste

Albânia (f)	ალბანეთი	albaneti
Bulgária (f)	ბულგარეთი	bulgareti
Hungria (f)	უნგრეთი	ungreti
Letónia (f)	ლატვია	lat'via
Lituânia (f)	ლიტვა	lit'va
Polónia (f)	პოლონეთი	p'oloneti

Roménia (f)	რუმინეთი	rumineti
Sérvia (f)	სერბია	serbia
Eslováquia (f)	სლოვაკია	slovak'ia

Croácia (f)	ხორვატია	khorvat'ia
República (f) Checa	ჩეხეთი	chekheti
Estónia (f)	ესტონეთი	est'oneti

Bósnia e Herzegovina (f)	ბოსნია და ჰერცოგოვინა	bosnia da hertsogovina
Macedónia (f)	მაკედონია	mak'edonia
Eslovénia (f)	სლოვენია	slovenia
Montenegro (m)	ჩერნოგორია	chernogoria

149. Países da ex-URSS

| Azerbaijão (m) | აზერბაიჯანი | azerbaijani |
| Arménia (f) | სომხეთი | somkheti |

Bielorrússia (f)	ბელორუსია	belorusia
Geórgia (f)	საქართველო	sakartvelo
Cazaquistão (m)	ყაზახეთი	qazakheti
Quirguistão (m)	ყირგიზეთი	qirgizeti
Moldávia (f)	მოლდოვა	moldova

| Rússia (f) | რუსეთი | ruseti |
| Ucrânia (f) | უკრაინა | uk'raina |

Tajiquistão (m)	ტაჯიკეთი	t'ajik'eti
Turquemenistão (m)	თურქმენეთი	turkmeneti
Uzbequistão (f)	უზბეკეთი	uzbek'eti

150. Asia

Ásia (f)	აზია	azia
Vietname (m)	ვიეტნამი	viet'nami
Índia (f)	ინდოეთი	indoeti
Israel (m)	ისრაელი	israeli

China (f)	ჩინეთი	chineti
Líbano (m)	ლიბანი	libani
Mongólia (f)	მონღოლეთი	mongholeti

| Malásia (f) | მალაიზია | malaizia |
| Paquistão (m) | პაკისტანი | p'ak'ist'ani |

Arábia (f) Saudita	საუდის არაბეთი	saudis arabeti
Tailândia (f)	ტაილანდი	t'ailandi
Taiwan (m)	ტაივანი	t'aivani
Turquia (f)	თურქეთი	turketi
Japão (m)	იაპონია	iap'onia
Afeganistão (m)	ავღანეთი	avghaneti
Bangladesh (m)	ბანგლადეში	bangladeshi

| Indonésia (f) | ინდონეზია | indonezia |
| Jordânia (f) | იორდანია | iordania |

| Iraque (m) | ერაყი | eraqi |
| Irão (m) | ირანი | irani |

| Camboja (f) | კამბოჯა | k'amboja |
| Kuwait (m) | კუვეიტი | k'uveit'i |

Laos (m)	ლაოსი	laosi
Myanmar (m), Birmânia (f)	მიანმარი	mianmari
Nepal (m)	ნეპალი	nep'ali
Emirados Árabes Unidos	აგს	ags

| Síria (f) | სირია | siria |
| Palestina (f) | პალესტინის ავტონომია | p'alest'inis avt'onomia |

| Coreia do Sul (f) | სამხრეთ კორეა | samkhret k'orea |
| Coreia do Norte (f) | ჩრდილოეთ კორეა | chrdiloet k'orea |

151. América do Norte

Estados Unidos da América	ამერიკის შეერთებული შტატები	amerik'is sheertebuli sht'at'ebi
Canadá (m)	კანადა	k'anada
México (m)	მექსიკა	meksik'a

152. América Central do Sul

Argentina (f)	არგენტინა	argent'ina
Brasil (m)	ბრაზილია	brazilia
Colômbia (f)	კოლუმბია	k'olumbia

| Cuba (f) | კუბა | k'uba |
| Chile (m) | ჩილე | chile |

| Bolívia (f) | ბოლივია | bolivia |
| Venezuela (f) | ვენესუელა | venesuela |

| Paraguai (m) | პარაგვაი | p'aragvai |
| Peru (m) | პერუ | p'eru |

Suriname (m)	სურინამი	surinami
Uruguai (m)	ურუგვაი	urugvai
Equador (m)	ეკვადორი	ek'vadori

| Bahamas (f pl) | ბაჰამის კუნძულები | bahamis k'undzulebi |
| Haiti (m) | ჰაიტი | hait'i |

República (f) Dominicana	დომინიკის რესპუბლიკა	dominik'is resp'ublik'a
Panamá (m)	პანამა	p'anama
Jamaica (f)	იამაიკა	iamaik'a

153. Africa

Egito (m)	ეგვიპტე	egvip't'e
Marrocos	მაროკო	marok'o
Tunísia (f)	ტუნისი	t'unisi
Gana (f)	განა	gana
Zanzibar (m)	ზანზიბარი	zanzibari
Quénia (f)	კენია	k'enia
Líbia (f)	ლივია	livia
Madagáscar (m)	მადაგასკარი	madagask'ari
Namíbia (f)	ნამიბია	namibia
Senegal (m)	სენეგალი	senegali
Tanzânia (f)	ტანზანია	t'anzania
África do Sul (f)	სამხრეთ აფრიკის რესპუბლიკა	samkhret aprik'is resp'ublik'a

154. Austrália. Oceania

Austrália (f)	ავსტრალია	avst'ralia
Nova Zelândia (f)	ახალი ზელანდია	akhali zelandia
Tasmânia (f)	ტასმანია	t'asmania
Polinésia Francesa (f)	საფრანგეთის პოლინეზია	saprangetis p'olinezia

155. Cidades

Amesterdão	ამსტერდამი	amst'erdami
Ancara	ანკარა	ank'ara
Atenas	ათენი	ateni
Bagdade	ბაღდადი	baghdadi
Banguecoque	ბანკოკი	bank'ok'i
Barcelona	ბარსელონა	barselona
Beirute	ბეირუთი	beiruti
Berlim	ბერლინი	berlini
Bombaim	ბომბეი	bombei
Bona	ბონი	boni
Bordéus	ბორდო	bordo
Bratislava	ბრატისლავა	brat'islava
Bruxelas	ბრიუსელი	briuseli
Bucareste	ბუხარესტი	bukharest'i
Budapeste	ბუდაპეშტი	budap'esht'i
Cairo	კაირო	k'airo
Calcutá	კალკუტა	k'alk'ut'a
Chicago	ჩიკაგო	chik'ago
Cidade do México	მეხიკო	mekhik'o
Copenhaga	კოპენჰაგენი	k'op'enhageni

Dar es Salaam	დარ-ეს-სალამი	dar-es-salami
Deli	დელი	deli
Dubai	დუბაი	dubai
Dublin, Dublim	დუბლინი	dublini
Düsseldorf	დიუსელდორფი	diuseldorpi
Estocolmo	სტოკჰოლმი	st'ok'holmi

Florença	ფლორენცია	plorentsia
Frankfurt	ფრანკფურტი	prank'purt'i
Genebra	ჟენევა	zheneva
Haia	ჰააგა	haaga
Hamburgo	ჰამბურგი	hamburgi
Hanói	ჰანოი	hanoi
Havana	გავანა	gavana

Helsínquia	ჰელსინკი	helsink'i
Hiroshima	ხიროსიმა	khirosima
Hong Kong	ჰონკონგი	honk'ongi
Istambul	სტამბული	st'ambuli
Jerusalém	იერუსალიმი	ierusalimi

Kiev	კიევი	k'ievi
Kuala Lumpur	კუალა-ლუმპური	k'uala-lump'uri
Lisboa	ლისაბონი	lisaboni
Londres	ლონდონი	londoni
Los Angeles	ლოს-ანჟელესი	los-anzhelesi
Lion	ლიონი	lioni

Madrid	მადრიდი	madridi
Marselha	მარსელი	marseli
Miami	მაიამი	maiami
Montreal	მონრეალი	monreali
Moscovo	მოსკოვი	mosk'ovi
Munique	მიუნხენი	miunkheni

Nairóbi	ნაირობი	nairobi
Nápoles	ნეაპოლი	neap'oli
Nice	ნიცა	nitsa
Nova York	ნიუ-იორკი	niu-iork'i

Oslo	ოსლო	oslo
Ottawa	ოტავა	ot'ava
Paris	პარიზი	p'arizi
Pequim	პეკინი	p'ek'ini
Praga	პრაღა	p'ragha

Rio de Janeiro	რიო-დე-ჟანეირო	rio-de-zhaneiro
Roma	რომი	romi
São Petersburgo	სანკტ-პეტერბურგი	sank't'-p'et'erburgi
Seul	სეული	seuli
Singapura	სინგაპური	singap'uri
Sydney	სიდნეი	sidnei

Taipé	ტაიბეი	t'aibei
Tóquio	ტოკიო	t'ok'io
Toronto	ტორონტო	t'oront'o

Varsóvia	ვარშავა	varshava
Veneza	ვენეცია	venetsia
Viena	ვენა	vena

| Washington | ვაშინგტონი | vashingt'oni |
| Xangai | შანხაი | shankhai |

www.ingramcontent.com/pod-product-compliance
Lightning Source LLC
Chambersburg PA
CBHW070604050426
42450CB00011B/2988
* 9 7 8 1 7 8 4 0 0 9 1 7 5 *